融合教学模式下高校思想政治教育研究

黄　薇◎著

北京燕山出版社

图书在版编目（CIP）数据

融合教学模式下高校思想政治教育研究 / 黄薇著
. -- 北京 : 北京燕山出版社 , 2023.10

ISBN 978-7-5402-7086-5

Ⅰ . ①融… Ⅱ . ①黄… Ⅲ . ①高等学校—思想政治教育—研究—中国 Ⅳ . ① G641

中国国家版本馆 CIP 数据核字 (2023) 第 201330 号

融合教学模式下高校思想政治教育研究

著者：黄薇

责任编辑：战文婧

封面设计：李伟

出版发行：北京燕山出版社有限公司

社址：北京市西城区椿树街道琉璃厂西街 20 号

邮编：100052

电话：86-10-65240430（总编室）

印刷：天津和萱印刷有限公司

成品尺寸：170 mm × 240 mm

字数：200 千字

印张：10.75

版别：2024 年 5 月第 1 版

印次：2024 年 5 月第 1 次印刷

ISBN：978-7-5402-7086-5

定价：72.00 元

作者简介

-- ■

黄 薇 女，1981 年 10 月出生，广西博白县人，毕业于广西艺术学院、厦门大学，硕士研究生学历，现任广西艺术学院讲师。研究方向为视觉艺术文化研究，主持和参与广西壮族自治区教育厅课题等项目 5 项，发表论文 8 篇。

■ --

前　言

　　党的十八大召开后，以习近平同志为核心的党中央非常重视高校思想政治工作，并站在全局的高度，高屋建瓴地对当前高校思想政治工作中存在的一系列重要问题进行了深入解答，提出了不少带有政治性、思想性且针对性很强的新论断和新观点，指出了新时代高校思想政治工作深化改革的方向。近年来，各地区各部门认真贯彻落实中央决策部署，坚持把立德树人作为中心环节，全面加强大学生思想教育管理工作，努力培养社会主义现代化建设事业的合格建设者和可靠接班人。从总体上看，我国高校思想政治工作取得了重要成绩。广大师生对思想政治教育有较高认可度，学生成长成才环境明显改善。但随着世情的变化，国情、党情在变，尤其在当今世界的大发展、大变革中，全球思想文化交流融合、交织叠加，不同程度地影响了我国高校思想政治工作的有效开展。这就需要对高校思想政治工作不断创新，从而提升教育水平。

　　高校思想政治融合教学模式可以与各类型学校的培养目标相结合，这既能融合各学科专业特色，又符合当前大学生个性化、差异化的特点，对受教育者的教育做到有的放矢。要通过整合教学目标、教学资源等方式，利用"线上"与"线下"相结合的教学优势，积极做好课前、课中、课后"线上"＋"线下"一体化教学实践，以达到提升受教育者的思想品德、情感和意志的目的，进而更好地为实现"两个一百年"，实现"中国梦"服务。

　　本书第一章为高校思想政治教育基础问题，分别介绍了高校思想政治教育基础理论、高校思想政治教育主要特征、高校思想政治教育重要意义三个方面的内容；第二章为高校思想政治教育的时代问题，主要介绍了四个方面的内容，依次是高校大学生角色研究、高校思想政治教育面临的新形势、高校思想政治教育现状、高校思想政治教育的发展方向；第三章为高校思想政治教育的创新问题，分别介绍了高校思想政治教育创新的价值、高校思想政治教育的机制创新；第四章为高校思想政治教育的教学模式问题，依次介绍了高校思想政治教育教学模式概述、高校思想政治教育教学模式存在的问题、高校思想政治教育教学新模式三个方面的内容；第五章为高校思想政治教育融合教学模式整体分析，主要介绍了三个方面的内容，分别是高校思想政治教育融合教学模式总论、高校思想政治教育融合教学模式的困境与问题成因、高校思想政治教育融合教学模式的优化策略；第六章为高校思想政治教育融合教学模式具体路径，主要介绍了四个方面的内容，分别为线上学习融合线下教学、翻转课堂融合传统课堂、理论教学融合实践教学、大班教学融合小组学习。

在撰写本书的过程中，作者得到了许多专家学者的帮助和指导，参考了大量的学术文献，在此表示真诚的感谢！本书内容系统全面，论述条理清晰、深入浅出。

限于作者水平不足，加之时间仓促，本书难免存在一些疏漏，在此，恳请同行专家和读者朋友批评指正！

黄薇

2023 年 1 月

目 录

第一章 高校思想政治教育基础问题 ························ 1

  第一节 高校思想政治教育基础理论 ···················· 1

  第二节 高校思想政治教育主要特征 ··················· 15

  第三节 高校思想政治教育重要意义 ··················· 26

第二章 高校思想政治教育的时代问题 ···················· 29

  第一节 高校大学生角色研究 ······················· 29

  第二节 高校思想政治教育面临的新形势 ················· 53

  第三节 高校思想政治教育现状 ····················· 55

  第四节 高校思想政治教育的发展方向 ················· 63

第三章 高校思想政治教育的创新问题 ···················· 70

  第一节 高校思想政治教育创新的价值 ················· 70

  第二节 高校思想政治教育的机制创新 ················· 75

第四章 高校思想政治教育的教学模式问题 ················· 85

  第一节 高校思想政治教育教学模式概述 ··············· 85

  第二节 高校思想政治教育教学模式存在的问题 ··········· 96

  第三节 高校思想政治教育教学新模式 ················ 105

第五章　高校思想政治教育融合教学模式整体分析 ································ 131

　　第一节　高校思想政治教育融合教学模式总论 ························· 131

　　第二节　高校思想政治教育融合教学模式的困境与问题成因 ·········· 136

　　第三节　高校思想政治教育融合教学模式的优化策略 ··············· 140

第六章　高校思想政治教育融合教学模式具体路径 ························ 148

　　第一节　线上学习融合线下教学 ····································· 148

　　第二节　翻转课堂融合传统课堂 ····································· 150

　　第三节　理论教学融合实践教学 ····································· 153

　　第四节　大班教学融合小组学习 ····································· 156

参考文献 ··· 161

第一章　高校思想政治教育基础问题

本章对高校思想政治教育的相关问题进行了说明，分别介绍了高校思想政治教育基础理论、高校思想政治教育主要特征、高校思想政治教育重要意义三个方面的内容。

第一节　高校思想政治教育基础理论

在现代高校教育中，思想政治教育属于不够完善的部分，存在普及面较窄、教育对象趋势化、普及意识较弱等问题。同时，部分在职高校思想政治教育人员对自己的职业也存在误解，不具备足够的工作热情、积极的工作态度和无私的奉献精神。上述问题的存在都会影响高校思想政治教育的成果。面对上述问题，本节将从三个方面，即高校思想政治教育的内涵与作用、高校思想政治教育的内容、高校思想政治教育的任务入手来深入探讨、研究、解决这些问题。

一、高校思想政治教育的内涵与作用

（一）高校思想政治教育的内涵

目前，学术界并没有一个对思想政治教育的标准定义。一部分学者认为，思想政治教育的重点在于政治，教育的根本目的是实现社会政治化，这部分人将研究对象重点放在政治思想、政治观念和政治行为的修正和培育上；还有人指出，道德是思想政治教育的侧重点，而如何提升人的道德品质和道德修养，并使人形成高尚的人格，才是思想政治教育的重点；另一部分人认为上述两种和心理、道德相关的教育都属于思想政治教育，该观点属于较宽泛的定义。

思想政治教育属于教育实践活动，而按照一定要求和需要培育符合标准的

社会成员的过程叫教育。总的来看，思想政治教育有广义和狭义之分。狭义方面主要指学校教育，即有目的、有计划地培养学生的思想政治品德、政治素养、政治水准和健康心理，让他们符合所要达到的社会标准。而为达到此目的所开展的一系列思想政治教育活动，是高校思想政治教育的主体。除了教授学生专业知识和实用技能外，高等学校的另一个重要任务就是开展大学生思想政治教育。高等学校对大学生的思想政治教育往往体现在"德"上。高等学校德育的任务是以马克思列宁主义、毛泽东思想、邓小平理论、"三个代表"重要思想、科学发展观、习近平新时代中国特色社会主义思想等为理论基础，教导大学生沿着社会主义方向树立起科学的世界观和人生观，培养优良的思想道德品质，并将马克思主义的"三观"作为思想支持，逐步具备认识世界、改造世界的能力，成为具有崇高理想、高尚品德、丰富文化的社会主义建设者。

在中国，高校思想政治教育有多年的发展历史，已经形成比较完善的教育工作体系。"育人为本、德育为先"是教育思想的基石，在坚持该思想的同时，我们可以将思想政治教育分为"内化"和"外化"。内化教育的概念比较抽象。比如，在接受道德准则相关教育的时候，学生在课堂上学习之后，在生活中主动将接收到的道德规范当作自身行为的指导准则，将学到的东西变成自己性格和行为准则的一部分，这样的内化教育就是成功的。而外化教育则显得更加具体，即将人的意识具体化、具象化、对象化、客观化。比如，高校中举办的各种活动，这些也可以在很大程度上对学生产生影响。

在新形势下，高校要把促进学生全面发展和综合素质的提高作为培养目标，其核心是德育教育。在教学活动中，教师要分析研究学生的群体特点，小课堂与大课堂、学校与社会、解决思想问题与解决实际问题、他律与自律、灌输与渗透都要做到两手抓，要有创新精神，因材施教，从而达到最佳教育效果。随着时代的变革，大学生思想政治教育工作已经融入高校师生的日常工作和学习之中，其涵盖的内容也在不断发展、丰富。

高校思想政治教育的核心内容可以说已形成一个比较完善的体系，政治教育是拥有最高地位且任务最艰巨的，在整个体系中占有主导地位；思想教育具有普遍性、认知性、经常性特点；道德教育、心理教育、法纪教育则是最基本的教育。总的来说，高校思想政治教育的最终目的就是使大学生认识和学习思想政治教育的根本理论，了解其实践的规律和方法，能够运用马克思主义的观点进行思考，并分析现实社会中遇到的问题。大学生思想政治教育除了要注重知识理论的教授外，还应注重对前沿知识理论的研究和探索。

（二）高校思想政治教育的作用

高校思想政治教育的作用体现在引导、激励和调节三个方面。

1.引导作用

思想政治教育明确指出了社会发展和个人发展的意义和方向，而高校思想政治教育可以引领学生提升觉悟、提高认知社会事件的能力，引领其看清世界、树立正确的"三观"，从而使其在以后的人生道路上选择正确的目标和道路。

一个人的面貌往往分为两个方面：思想和行为。思想政治教育的重要任务是帮助人们克服思想、行为不一致的矛盾，使二者达到统一。让学生形成符合社会要求的思想，并把人们心中正确的思想转化为实际的行为，是思想政治教育的重要作用。

2.激励作用

思想政治教育也具有激励作用，即通过教学和实践活动引导高校学生凝聚动力，向着正确、坚定的人生目标不断进取，并确立正确的政治方向；激发大学生高昂的斗志和热情，使他们奋进的意志更加坚定，更加忘我地投入到社会主义现代化建设中，为实现中华民族伟大复兴而不断提升、完善、超越自己。

3.调节作用

思想政治教育中的道德教育和法治教育可以让高校学生的行为更加规范化、社会化。个体将特定社会所认可的行为准则加以内化，从而做出符合社会所要求的行为的过程，称为行为规范社会化。它的意义在于能调节个人和他人之间、社会之间、国家之间、自然环境之间以及团体和团体之间的各种矛盾。通过开展思想政治教育，高校可以有效教导学生什么是符合标准的行为，该鼓励什么、该批判什么、该抵制什么、该表扬什么，进而提高大学生辨别是非、真假的能力。

二、高校思想政治教育的内容

在新时代，高校思想政治教育教学内容在体现理论性、合理性以及政治性的过程中，还要进一步彰显其内容的特色与时代性。思想政治教育随着实践的不断发展而逐渐更新理论内容，思想政治教育教学内容应充分遵从社会发展与学生成长的基本规律，真正做到与时俱进、靠近现实、贴近日常生活。为此，各高校有必要对思想政治理论课教学体系与内容做进一步扩展与深化，增强教育亲和力，使高校思想政治教育更符合大学生需求。

（一）坚定大学生的马克思主义信仰

2019 年 11 月 16 日，《求是》杂志发表了习近平总书记重要讲话：《学习马克思主义基本理论是共产党人的必修课》。中国特色社会主义大学应当始终坚持马克思主义意识形态的领导地位，通过教育大学生对马克思主义的信仰和实践，为他们的成长和发展奠定科学、扎实的思想理论基础。

一是运用马克思主义理论对大学生进行思想上的武装，以培养他们的共产主义理想。我们党在革命和建设过程中始终高度重视理想信念问题，并把培养大学生坚定正确的政治方向放在第一位。众所周知，马克思主义是社会主义意识形态的灵魂，它是共产党人勇往直前、不断拼搏的精神信仰，是各族人民共同实现社会主义新胜利的思想基石。新时期大学生应该树立共产主义崇高理想，守护纯洁而美丽的精神家园。马克思主义当代价值日益凸显的原因，关键是它永远居于道义制高点的位置，时刻把握真理的魅力。马克思主义不仅是高校思想政治教育的根本指导思想，还是高校思想政治教育最重要的教育教学内容。只有深刻了解马克思主义思想、守望崇高的伟大理想、坚定对社会主义和共产主义的执着追求，高校学生才会对种种错误思潮产生"抗体"，保持对马克思主义的坚定信念和深厚情怀，乐于接受马克思主义智慧的滋养。

二是摒弃宣传、教育上的"假大空"，还马克思主义本真的本来面目。长时间以来，高校思想政治教育内容显得过于书本化。在教学实践中，部分教育者不能依照信仰确立的特点和规律来指导大学生，仅仅对书本上的词句内容进行一味灌输，既没有让大学生明白为什么要有信仰、如何确立信仰，也没有阐明马克思主义为什么是唯一的、科学的信仰，导致在学生心里，马克思主义信仰成了虚无空洞的概念，理论脱离实际，使学生产生厌烦感，给信仰教育造成不利的影响。新时期的思想政治教育内容应在汲取原有思想政治教学内容精华的基础上，注重新思想、新理念、新科技，精确把控新形势下提出的全新要求并加以消化和总结，进一步增加知识的整体含量、丰富思想政治教育教学内容，从而形成全新的科学理论。近几年来，无论是国际形势，还是国内形势都在发生着深刻的变化，随之而来，价值判断和选择也呈现出多元性特征，这使得高校大学生价值观出现了许多新情况、新问题。马克思主义理论所具有的特殊魅力，源于它本真的存在，同时也源于它的深刻思想与实践价值。唯有摈弃宣传、教育"假大空"现象，还原马克思主义本来面目，有的放矢地进行马克思主义的宣传教育，才能够用马克思主义本真的力量去征服大学生。

三是要与时代环境相结合，创新和发展地看待马克思主义。马克思主义作为一种实践性科学，决定了它必然具有与时俱进的理论品质。实践的观点是马克思主义哲学的基本观点。马克思主义哲学植根于实践、服务于实践，但实践总是具体的、历史的，马克思主义要坚持以实践为基础就必须站在时代的前列，反映时代进步的要求，抓住时代的主题，回答时代提出的迫切问题。实践是一个不断变化发展的过程，随着实践的变化发展，社会必然会出现各种各样的新情况、新问题，这就要求以实践为基础的马克思主义必须坚持与时俱进。

（二）用"中国梦"促进大学生树立远大理想

"中国梦"的目的是实现中华民族伟大复兴，而强国必先强教，要想国家一流必须先做到教育一流。中华人民共和国成立后，尤其是改革开放以来，发展教育是我们党和国家的优先战略部署，也是"中国梦""教育梦"的重点。教育是富国强国的根本基础，是民族振兴不可或缺的一环，所以我们要优先发展教育，用教育梦推动"中国梦"，将"中国梦"深入思想政治教育进程，使其成为高校大学生学习的精神支柱，这对他们坚定理想信念、培育民族精神和提升综合素质具有十分重大而深远的意义，这更是思想政治教育成功的重要保证。

第一，要使大学生认识到自己是实现"中国梦"的重要中坚力量。青年人是国家建设的主力军，"中国梦"的实现需要更多有为有志的青年去奋斗、去奉献。随着时代的发展，诱惑越来越多，可供选择的发展机会使他们眼花缭乱，同时也带来了更多的挑战和竞争。但大学生在面对机遇时要明白，为了实现祖国伟大复兴而奋斗才是青春最好的奉献方式，才是为"中国梦"的实现付出自己的全部力量。当代大学生是国家和社会的接班人，民族复兴伟大事业的接力棒就要交到青年人的手中了，伟大的民族共同梦想也已经寄托到了新一代青年人的身上。因此，大学生必须牢固树立社会主义信念，坚定走中国特色社会主义道路的信心，坚持中国共产党的伟大正确领导，担负起时代和民族赋予的使命和责任，无愧于党和人民的期望。

第二，要激励大学生确立"中国梦"共同理想。大学生是国家未来发展的重要力量，对其进行理想信念的引领至关重要。激励大学生实现青春梦想，扬起大学生理想的帆，持续凝聚中华民族正能量，实现"中国梦"，是高校思想政治教育工作的神圣使命。大学生要与时俱进、与国同进，共同构建"中国梦"。当代大学生不仅应该具备坚实的专业知识、高昂的青春激情、不屈不挠的意志品质以及积极灵活的创造思维，还应该拥有勇往直前、不畏艰险、敢于面对挫折的精神。这种精神将成为当代中国经济社会创新发展的主力军和动力源泉。

"中国梦"给大学生成才构筑了一个宽广的平台，能让大学生在实现民族"中国梦"、个人"青春梦"中坚定理想信念，积极走在中国特色的社会主义道路上，进而成为我国社会主义现代化建设中的主要执行者。

第三，要鼓励大学生积极实践"中国梦"，并在此过程中谱写自己人生的新华章。要引导大学生确立自己的人生目标和理想，并以此为目标不断奋进。要激励学生坚决肩负起历史使命，勇敢地面对种种的挑战，在"中国梦"的践行中发挥自己的才能，创造一个精彩而美好的形象，谱写一曲曲起伏跌宕的华彩乐章。"空谈误国，实干兴邦"，高校应该对大学生进行"中国梦"教育，让他们踏上漫漫征途，以坚韧不拔的毅力战胜困难，用辛勤的双手去实现自己的理想，从而去创造美好的人生。只有坚持以理想信念作为引领方向，才能激发青年学子奋发向上的激情，使他们成为国家建设发展的栋梁之材。高校思想政治教育应把大学生培育成为"中国梦"的践行者与创造者，为实现"中国梦"，显示出其特有的魅力。

（三）积极培育和践行社会主义核心价值观

社会主义核心价值观，是中国共产党人博大精深智慧的结晶，表现出高度价值自觉、自信与自强，这在无形中也说明了社会主义核心价值观对中国特色社会主义发展规律进行了深刻反思。共产党人对社会主义核心价值观做了提炼和高度概括，主要表现在三个方面：“倡导富强、民主、文明、和谐，倡导自由、平等、公正、法治，倡导爱国、敬业、诚信、友善，积极培育和践行社会主义核心价值观。”① 它的确立体现了中国共产党人不仅在理论上对社会主义有了更深的认识，更是在实践上做到了不断进步。社会提倡的价值观是否能与时俱进，是否能够深入人心，将直接影响一个国家是否能产生巨大凝聚力。作为社会主义核心价值观重要实践者，大学生唯有理解和践行社会主义核心价值观，将来才能成为建设社会主义强国的接班人。高校应该通过采取一系列行之有效的措施，使大学生真正理解并在实际生活中践行社会主义核心价值观，肩负起青年人的历史使命，不辜负青春年少，为中华民族伟大复兴谱写壮美青春。

第一，要扣好生命中第一粒“扣子”，把大学生培养成社会主义核心价值观坚定信念的人。2014 年，习近平总书记与北京大学的师生进行了座谈，在座谈会上习近平总书记语重心长地强调：“我为什么要对青年讲社会主义核心价值观这个问题？是因为青年的价值取向决定了未来整个社会的价值取向。”② 高校应该引导大学生积极参与校园文化活动、积极参与具有传承和奉献精神的青年志愿服务活动，以培养大学生的爱国情怀、敬业精神和诚信品质。高校大学生作为我国宝贵的人才资源，是国家的希望，是建设有中国特色社会主义事业的可靠接班人，其思想道德素质、价值观状况如何，关系到一个民族的未来和命运。提出社会主义核心价值观，给高校价值观教育工作指明了前进的方向，阐明了对当代大学生进行价值观教育的现实目标。从某种意义上来讲，高校只有对青年学生进行良好的教育，才有可能为中国特色社会主义建设事业不断提供精神和人才支撑。我国目前正处在改革的转型时期，民众价值观日趋多元化、复杂化，这无疑给公民社会主义核心价值观的塑造带来了不利的影响。而当代青年学生，作为成长于我国改革开放与现代化迅猛发展时期的新一代青年，他们的价值取向，直接关系到中国社会的稳定，关系到建设有中国特色社会主义事业的前途。高校为国家培养人才、促进先进科学研究、传承社会文明等方面奠定了重要的基础，因此，高校开展的社会主义核心价值观教育至关重要。

第二，要帮助他们明确自己的价值目标，坚定自己的价值取向，遵循社会

---

① 王欣.《思想道德修养与法律基础》学习指导书［M］.北京：北京理工大学出版社，2019.
② 习近平.青年要自觉践行社会主义核心价值观——在北京大学师生座谈会上的讲话［N］.人民日报，2014-5-5（2）.

主义核心价值观的准则，从而成为社会主义核心价值观的传播者。在目前复杂的社会背景下，要准确把握主流意识形态，在青年学生面对价值选择困惑时，用社会主义核心价值观对其进行教育和开导，教会他们正确地选择和取舍。由于青年学生正处于价值观形成时期，国家迫切需要用社会主义核心价值观对其进行正确且强有力的引导。中华人民共和国成立至今，中国共产党始终将发展社会主义事业当作是各项工作开展的重心，并以此作为精神之源，将我国大学生牢牢凝聚在一起。与此同时，中国共产党也以我国社会主义事业建设的伟大蓝图来吸引大学生的注意力，使其自觉投入中华民族伟大复兴的工作之中，并将其作为自身的奋斗目标，为此付出自己的青春与汗水。从某种意义上来讲，"自由""平等""法治""公正"的社会主义核心价值观，对大学生的思想成长起到了积极的作用，使他们形成了正确的价值取向，明确了未来发展的方向。我们国家正处在社会转型期，它的社会结构、利益关系等发生了巨大变化，正深深浸入人们社会心理之中，还直接影响到了人们最初的思维方式，社会中各种错误思潮给大学生带来的冲击极为显著。大学生践行社会主义核心价值观的时候，要能够审视与反思自身观念与行为上存在的问题，提升辨别是非的能力，为构建一个公平，和谐社会作出应有的努力。"爱国、敬业、诚信、友善"是公民应该追求和遵循的价值观和道德准则，这既体现了对国家、事业和社会的高度认同，也是对中华优秀传统美德的传承。同时，这些价值观也是中国革命道德以及社会主义道德的传承和发扬。

第三，要建构有利于培养大学生价值观的长效机制，对青年学生进行有效的社会主义核心价值观教育。在教育体制改革不断深化的今天，以往高校近乎孤立于社会之外的教学格局，已经慢慢地被打破，高校从传授知识的场所变为教学与科研实践相结合的场所，大学的封闭性慢慢消失。从前"两耳不闻窗外事，一心只读圣贤书"的高校师生慢慢变成了真正承担社会责任的社会角色。摒弃"单一式""封闭式""灌输式"的教育模式，因材施教、贴近实际，做到理论教育与实践相统一才是有利于大学生价值观培养的长效机制。培养人才要有创新性和前瞻性，完善的制度机制能够保障社会主义核心价值观的培育和实施。高校思想政治教育工作继续面临着新的挑战，必须根据社会实际，针对大学生的思想特点，进一步完善育人机制，把大学生社会主义核心价值观的培育当作系统工程来抓。

（四）弘扬和传承中华优秀传统文化

民族文化是一个民族存在的证明和血脉的流传，是本民族人民的精神家园和宝贵财富。如果没有民族文化的引领、没有人民精神世界的丰富，一个国家和民族不可能屹立于世界民族之林。优秀民族传统文化的引领对于实现中华民族伟大复兴是极为重要的，要将中华优秀传统文化和现代高校思想政治教育完美结合，在教学中用中华传统文化的精华滋养大学生的心灵，用优良的传统品德引导大学生树立正确的人生观、价值观、世界观。

第一，要用中华传统文化的精华滋养当代大学生的心灵。民族文化是一个国家和民族的灵魂所在，传统文化又是民族文化中最具特色的内核部分，具有极大的魅力和凝聚力，是我们中华民族最为宝贵的精神财富，是文明之根、文化之魂。在开展高校思想政治教育时要传承和弘扬中华民族的爱国主义精神。中华文明绵延数千年，必定有其独一无二的价值体系。中华民族的基因中已深深融入了优秀传统文化的精髓，它传递了中华民族最坚定的价值信念。在对西方文化倡导的个人主义、极端利己主义思想的批判中，中华民族战胜艰难困苦、追求美好幸福生活、实现民族发展进步的强大精神力量起着支柱般的作用。拥有这样宝贵的精神文化资源，高校更要引导大学生从中华传统文化中汲取精华，滋养他们的心灵，使他们坚持善良的品质，让他们的爱国主义热情和为国献身的动力不断高涨。

第二，应该通过中华优秀传统文化来不断提升当代大学生的价值观。中华传统文化所蕴含的道德教化思想，对于当代大学生的价值观塑造具有积极的作用。中华传统文化崇尚和谐统一，体现在以下两方面。一方面，主张国与国之间、民族和民族之间和平稳定，我们一贯主张通过和平对话而非暴力的方式来解决争端问题。正是在这样的传统思想的引导下，中华民族成为一个爱好和平、心胸宽广的民族。千百年来，炎黄子孙都有着爱好和平、谦虚友善的性格特点和价值取向；另一方面是家庭方面，"己所不欲，勿施于人"思想对当代大学生的教育意义是非常深远的。价值观是内化于心、外化于行的理念，将中国传统优秀文化内涵融入大学生的思想和行为，具有根本的导向性价值。在思想政治教育中要引导青年学生树立正确的"三观"，领会权利和义务的一致性，既尊重每个公民的个人合法权利，在这之前又把国家和人民的利益放在首位，实现个人和集体利益的平衡和谐。这种宽容精神、大爱精神、集体意识、家庭意识、社会建设责任感的培育对高校思想政治教育至关重要。

第三，要在高校教育中积极宣传中华优秀传统文化。中国传统文化创造了本民族所需的社会文化环境和风气，这些文化深深地烙印在中华民族的思想血脉之中，形成了独特的遗传基因，润泽了民族的灵魂。现代科学社会中的大学生，一旦融合了优秀传统文化，就会自然而然地唤醒对历史的记忆，并取得理想的教育效果。要挖掘传统文化中的精华部分、拓宽教育面，结合传统文化中的人文精神和对人格的培养开展教育，结合时代发展潮流不断更新内容，让中华优秀传统文化散发出耀眼的光芒。要引导当代青年学生正确塑造人格、培养优良品质，创新教学机制，做到社会与学校产教一体化，提高当代大学生的人文素养，实现中华民族传统文化的传承和创新发展。

进入新时代后，高校思想政治教育也要及时作出改变，拥有创新的思路、跟上时代的发展步伐才能更好地达到教育目的。高校思想政治教育不是一个短期的行为，而是一个重大的历史任务，关乎着中华民族未来的命运，所以在教育开展过程中一定要坚持以马克思列宁主义、毛泽东思想、邓小平理论、"三个代表"重要思想、科学发展观、习近平新时代中国特色社会主义思想等理论为指导思想，在创新中不断进步，不断丰富高校思想政治教育工作的内涵。要致力于形成高校内良好的思想政治教育氛围，使学生自发去学习、主动去了解、接受和消化思想政治教育内容，并将其运用到未来的工作和生活中，为实现中华民族伟大复兴贡献力量。

（五）加强党史和国史教育

作为党史国史教育、宣传和研究的重要阵地，高校有责任做好相关工作，引导大学生真正学习、善于思考和活用所学知识，进而从中获得知识的武装、智慧的启迪和思想的提升。这样可以充分发挥党史国史的育人功能，培养大学生热爱党、热爱祖国、热爱社会主义的深厚感情。只有深入了解党史，才能知史爱党，做到知史兴国、一心向党，坚定实现中国梦的决心和信心。

第一，大学生要学好党史国史这门"必修课"。在中国过去的历史中，中国共产党团结带领人民取得了巨大成就，而其所经历的困难和风险也是罕见的。中国共产党在历史发展中经历过多次挫折。教导大学生正确看待党的历史上的曲折和失误，从中吸取可贵的经验教训，更有助于他们完善自身思想，寻求成功的规律和方法，这对青年学生走上正确的成长道路是非常有借鉴和帮助意义的。以史为镜，可以知兴替，中国五千年的历史是宝贵的、独一无二的，而从历史兴亡中得出的世界发展规律是最为深刻的，蕴含着古人的全部智慧。历史中蕴含着十分丰厚的治国理政理念和与人相处、为人处世的道理，多读历史可以以更加高远的历史眼光看待问题、解决问题。

第二，在高校思想政治教育中开展党史国史教育的根本目的是培养信念坚定、道路自信的新时代青年人才。不管是从历史的角度来看，还是从现实的角度来看，中国都拥有丰富的底蕴，高校学生若不懂得中国历史渊源与深厚文化，特别是对近代以来中国历史变迁认识不清，就很难把握共产党和社会主义所选择的发展道路，很难全面深入理解历史所选择的发展道路。通过对中国共产党在革命、建设等重要时期的伟大抉择的学习和了解，学生可以加深其对社会主义制度优越性的思考，让青年学生在思索中获得启发，增强其民族自信心和认同感，激励学生不断完善自我，为中国特色社会主义建设事业奋斗终生。

三、高校思想政治教育的任务

思想政治教育理论是以实践为基础的，需要在实践中进一步发展。思想政治教育是在马克思主义传播的过程中与中国和共产党一起成长并不断完善的，而高校思想政治教育是对中国传统思想政治教育和现代思想政治教育的融合和开创。

（一）传递社会要求

人的本质，就是一切社会关系之和，人们的生活不能脱离各种社会关系而存在，人与社会之间存在着一种关系即社会角色关系，人们总在充当某种社会角色。所谓社会角色，就是社会对于人们在各种社会关系中所处位置、所享有的权利、所应承担的义务的规范。进入大学后，学生的生活开始面临极大的环境变化，从单调乏味的高中生活向更为复杂的"社会化"转变，大学生面临着更加复杂的社会关系，包括与教师之间、校内和校外之间、现实场景和网络虚拟世界之间的关系，以及同性和异性之间的关系。这些关系使得大学生所面临的社会关系变得更加广泛和深入；班级、团支部、系总支、学生会、社团活动，大学生要面对的组织层次也更繁杂；寝室以外班级活动、校级活动、校外活动应运而生，这在无形中开阔了大学生的活动空间。在纷繁复杂的社会关系与行为规范面前，大学生有的时候会无所适从，易发生角色冲突或者角色混同。对大学生进行思想政治教育，其首要任务就是要教会他们如何做人，学着处理好各种社会关系。思想政治教育主要是以课堂教育的方式，将社会对他们的期望传递给学生，教会学生认识并遵守社会认可的各项权利及行为准则，并将其融入日常生活中的行为选择，作为烂熟于心的行事准则；并且主动地向他人传递正确的价值观，更要熟悉自己的社会角色，在社会生活中保持个人与大环境的和谐统一。

（二）加强心理健康教育

心理素质是个体心理过程和心理特征的整体反映，它综合表现了人的认知、意向、行动、性格、气质和能力等方面的内容。大学生刚刚成年，其心理刚刚从幼稚开始走向成熟，面临着许多心理压力和内心冲突，情感是不稳定的。消除上述心理矛盾和压力对于大学生身体健康具有十分重要的意义，这关系到大学生是否能成为未来社会主义的优秀建设者。因此，加强大学生心理健康教育对于大学生顺利实现社会化具有至关重要的意义。高校思想政治教育应该宣传心理健康知识，增强大学生心理保健意识，加强其心理调适能力，帮助大学生最大限度地解决情感、思想等方面的问题，解决生活和学习的现实问题，让他们在遇到挫折时也能够保持一种积极向上的态度。这样能够帮助大学生更好地适应社会，并且成为未来的优秀建设者。

（三）正确引导政治方向

高校思想政治教育工作第一大特点是政治性。大学生在人民群众当中具有旺盛的生命力与创造力，我们应该加强对高校思想政治教育的关注，坚持马克思主义中国化的最新理论成果，强化理念、信念教育。必须把爱国主义作为基本点，引导青年学生形成正确政治思想观，把自己的前途命运同国家、民族的前途命运密切联系起来，对各种社会矛盾形成正确的认识，将中华民族伟大复兴的中国梦化作实际行动。新时期大学生角色在社会化发展过程中，正面临种种认同危机。基于此情况，高校思想政治教育应紧跟社会发展，以"三势"（因势而谋、应势而动、顺势而为）和"三因"（因事而化、因时而进、因势而新）为基本理念，遵循"四服务"（为人民服务、为中国共产党治国理政服务、为巩固和发展中国特色社会主义制度服务、为改革开放和社会主义现代化建设服务）和"三培养"（高校思想政治工作关系高校培养什么样的人、如何培养人以及为谁培养人）的方向与要求，明确新时期高校思想政治教育工作的方向与基本目标，有效地把思想政治教育渗透到大学生社会化过程中去，最大程度上帮助大学生对经济、政治、文化加深理解，引导大学生顺利实现社会化，把他们培养成社会主义建设事业强有力的执行者。

（四）开展道德教育和法治教育

行为规范的社会化是指个人将特定社会公认的行为准则和规范内化后，形成适应这个社会需要的行为。其功能是规范个人和他人之间、个人和社会之间、个人和国家之间、个人和自然环境、团体和群体之间的各种社会关系。就高校思想政治教育工作而言，必须通过道德规范教育、法纪教育，推进大学生行为规范的社会化。

塑造大学生的人格是道德教育的重要任务。道德教育的内容包含多个方面，如中华民族优良传统的道德教育、社会公德教育、培养道德评判能力、社会主义道德教育、职业道德教育以及环境道德教育等。高校思想政治教育的基本含义是践行社会主义核心价值观，倡导"爱国守法、明礼诚信、团结友善、勤俭自强、敬业奉献"，在遵循基本道德规范的前提下，激励人们向更高层次的道德前进。

法治教育在新时代思想政治教育工作中意义重大，同时其难度也较大。随着改革开放的深入发展，法治教育在高校思想政治工作实践中正日益显现出其重要作用。作为一名社会主义事业未来的建设者，大学生的法律观念、公民意识与社会的发展直接相关，所以必须通过教育让他们更好地了解法律、尊重法律、维护法律，学习用法律手段来化解人生的纠纷与冲突，以实际行动拥护依法治国，使法治成为一种信念、一种现实。

（五）增强大学生内心的满足感

学生在思想政治教育活动中的主观感觉是满足感，思想政治教育获得感的原动力正是学生的内在需求。第一，学生的主观能动性和自觉挑选性十分明显，在对相关基础理论知识进行研究的同时，他们没有简单地照搬学过的知识，而是消化和吸收这类知识。高校思想政治教育工作应运用社会主义核心价值观对学生进行科学的引导和指导，使其形成积极的心态，有效地帮助大多数学生建立坚定的态度、端正理想信念，同时帮助大学生塑造科学的思维模式，然后获得心理认同；第二，学生是思想政治教育的主体，他们在教学中所吸收、掌握的价值理念和思维模式，会反映到自己的实际行动之中。学生并非被动地接受知识的对象，而是一个自主意识很强的主人翁。高校思想政治教育应借助丰富多彩的社会实践活动，如组织学生参与志愿者活动、文化和体育活动或者知识竞赛等，让他们获得满足感，同时提升其个人能力和个人价值，有效满足学生自身需求和全面发展，提升广大学生的幸福感，同时也提升其归属感；第三，学生间存在显著差异性，其成长环境、偏好和性格特点等都存在很大的差异，这在无形中导致学生在感情、素养、认知和能力等各个方面，显示出截然不同的发展趋势。所以思想政治教育要充分尊重学生的差异性，充分理解学生潜在的能力与兴趣，争取利用其自身优势，鼓励和扶持学生的自由发展，由此提升大学生的精神境界，让他们的自我价值得到真正的落实。

（六）增强思想政治教育实践的互动性

高校思想政治教育工作是教师和学生之间双向互动，双方应该在其中发挥自己的作用。教师应该为学生提供优质的教学内容，对基础理论知识进行科学合理的整理与吸纳，使教学内容尽量接近学生的日常生活；教师应充分利用课堂教学这条主渠道，努力提高自己的语言艺术，在教与学中寻找契合点。教师在课堂教学中应该当好指引者，给学生营造一个畅所欲言的场所，使学生在课堂中处于主导地位；应该搭建一个自由讨论的舞台，使学生在课堂上扮演主角，进而实现课堂互动的预期效果。同时也要注重建立师生间良好的关系，建立起信任、平等、尊重和理解等心理契约。在双方的沟通交流中，有必要关注双方身份平等问题，主动融入情感要素，以促进相互间更深的沟通，建构课堂活动的信赖感，让学生在感情上获得认可。

另外，为更好地进行深层次的交流活动，教师要实现实体互动和虚拟互动的有效融合，扩大互动形式，强化教育过程生活化，使双方都能在实践中体验到愉悦的感觉。这样才能使学生在求知的过程中，提升自身的精神境界，同时也获得崭新的价值支撑力量，产生一种新的获得感。

（七）促进大学生社会生活生产技能社会化

高校教育既依赖于系统的理论，也依赖于实践。社会实践是高校思想政治教育工作的重要途径，针对大学生具体特点，开展与之相适应的社会实践能力的培养活动，是高校思想政治教育工作的重要组成部分，更是推动大学生角色社会化发展的重要途径。大学生不仅要学习文化知识和生产技能等社会谋生技能，在生活技能方面也要实现衣食自理，这不仅仅是其保证个人生活的必备条件，更是其成为一个合格的社会成员的基本条件。社会实践为大学生提供了检验的重要平台。要鼓励学生参与各种实践活动、融入现实社会、了解国家情况、增加和各行各业人员的接触交流、对社会和国情形成自己的认识和了解，并通过自主学习和探索，使其获得更加深入的体验，通过实际参与使其提升自我。通过理论联系实际，学生能逐步充实所学内容、提升自身的生存发展技能、养成主动积极的人生态度，同时也可以在无形中强化自身社会责任感和历史使命感。大学生在实践活动中认识自我、反思自我，并不断完善自我、提升自我，有助于推动自身全面健康发展，并为自己融入社会奠定坚实的基础。

第二节　高校思想政治教育主要特征

在改革开放日益深化的浪潮下，内外思潮各方观念互相激荡交融，国内大学生的思想行为随之发生着相应的变化，他们身上反映出许多新的特质和现象。作为高校思想教育工作者，教师能否正确认识教育对象和教育环境，并及时准确地把握大学生的思想动态，洞悉当前高校思想政治队伍建设的时代背景，更新思想政治教育工作理念，就显得尤为紧迫。

一、高校思想政治教育环境特征

大学生思想政治教育接受过程包含很多方面的内容，如思想政治教育环境、接受客体、实施主体，它是这三个要素之间相互作用的过程，如果这三个要素之间的匹配性很高，则将推动或强化高校思想政治教育效果；相反，若这三方面的因素互相牵制，或一两个要素相对滞后于思想政治教育环境，则会在无形中弱化高校思想政治教育效果。本书与环境的新变化相结合，对对象的新特点进行详细研究，提出了思想政治教育的新对策。

（一）现代化事业蓬勃发展下的浮躁社会环境

伴随着改革开放的顺利开展，我国的社会经济得到了快速的发展，各项事业也蒸蒸日上，这些都是社会主义制度优势作用的结果，如减免农业税、落实义务教育制度等。但人们一边享受着改革红利，一边相应地承受着现代化事业兴旺发达所带来的负面效应，即资源的枯竭、环境污染、生态系统退化等，但是现代化对人们产生的这些物质方面的影响，远远不及现代化对人们在精神方面的影响。改革与发展，从本质上看，就是对社会不同阶层人群之间利益关系进行重新分配的过程，从某种意义上讲，改革和发展激发了人们内心深处对满足物质欲望的需求，这些都在社会上有不同程度的体现。折射在大学校园里，具体表现在大学生对金钱至上、享乐人生的追求，不能静下心来安心读书，缺乏学习动力。

（二）社会过渡转型期下的信仰危机环境

所谓转型，就是事物结构形态的变化、运转模式以及人们价值观念发生根本性变化的过程。所谓社会转型，就是指在新兴科技驱动下，社会生产和生活方式发生了根本性变化。在中华人民共和国成立之前，我国长期从事农业生产，在农业、半农业社会环境下，我国当时的生产工具比较落后，因此其生产效率也十分的低。在中华人民共和国成立以后，通过对传统农业进行改造、实行合作化运动以及大力发展重工业等措施，我国生产力得到极大提升，为工业文明的兴起奠定基础。当前，社会正朝着信息化社会发展。由于发展空间的挤压，很多制度的建设跟不上，眼下中国社会显然有"过渡"的迹象——既有风险，又有机遇，社会矛盾突出。改革开放以来，伴随经济高速增长而引发的各种矛盾日益突出，成为影响社会稳定的突出因素之一。这就要求我们必须从政治、经济、思想文化等多方面入手来解决这些矛盾。在社会矛盾不断激化的今天，贫富差距、物价等方面的问题也同时出现，它不仅深刻地检验了共产党人执政能力、危机处理艺术，还严峻地挑战了当代大学生群体对社会主义道路、共产主义的信念。

（三）多元文化背景下的价值多元文化环境

价值观作为一个民族或国家意识形态中最重要的部分，对其发展起着至关重要的作用。中国人民在改革开放中的求富实践，吸收、借鉴了西方很多方面的内容，如西方先进的科学技术、西方的文化价值与道德标准等，为此在改革开放的大环境下，我国形成了东方文化与西方文化、主流文化与非主流文化、传统文化和现代文化的多元并存格局。这些文化在不同程度上冲击着当代青年学生思想意识形态领域。与此同时，伴随着社会改革力度的加大，以及政治、经济、文化等方面的快速发展，阶级、阶层利益主体逐步分化，也正是在这样的大环境下，逐渐形成全社会思想观念的多样化、阶层利益多元、文化环境变化多端、社会结构错综复杂的局面。这种多元化发展态势给高校思想政治教育带来前所未有的机遇和挑战，尤其是当代大学生群体，更是处在社会变革时期的一个特殊的心理状态中。在这样的结构作用力作用下，逐渐衍生和放大了不少对大学生产生重大影响的社会思潮。其中，既有积极健康向上的思想，也有消极颓废腐朽的糟粕，如民主社会主义思潮、民族虚无主义思潮等。这些思潮以其强大的影响力和渗透力渗透到大学校园里，并与大学生的世界观、人生观、价值观发生碰撞和冲突，产生了消极影响。

（四）各国高等教育逐渐国际化环境

随着国际高等教育交流与合作的日益深入，思想政治教育作为其重要组成部分，在无形之中受到了国际上各种发展形势的影响，我国高等教育传统的灌输式教育方法已经无法适应当前社会发展的需求，也正是在这样的大环境下，学习国外先进的思想政治教育经验，已经成为我国高校思想政治教育发展的必然趋势，也正是在这种情况下，思想政治教育学逐渐受到人们的重视，并成为一种显学。本书通过分析国外大学思想政治教育发展历程和特点，总结出一些有益经验，以期为我国高校开展思想政治教育提供一定的启示。虽然在当前国际化不断发展的今天，各个国家的高校思想政治教育内容并不完全相同，但是从本质上来讲，它们彼此之间有一定的共同之处，即都是为了国家和社会发展而服务，都力求培养人们的社会认同感，使人们的行为与社会发展需求相适应，从而让人从自然人转变为社会人。在这个过程中，思想政治教育的对象由单一向多元发展，教育者由外至内转变，受教育者由弱变强，最终实现自我价值和社会价值。从某种意义上来讲，中西方高校思想政治教育内容之所以不同，是因为在不同的社会历史、环境和人文背景下，中西方的思想政治教育实施方式存在显著差异，从而形成了东西方独特的特点。现阶段，美国作为西方国家的代表，其在高校思想政治教育中更加重视实践养成教育，与此同时借助宗教信仰、学校教育的方式对大学生的思想产生影响。另外，日本、韩国等亚洲国家，他们在高校思想政治教育中，更加重视培养学生的内在修养，提倡由上而下的教育方式，他们普遍采用兼并吸收的策略，汲取现代精品文化，扶植传统文化产业，注重青少年思想政治教育，从而形成了独具特色的东方文化传统和道德品格。从历史角度看，东西方教育模式都有一定程度的相似性。但是从我国目前高校思想政治教育的发展情况来看，我国的思想政治教育既不是西方式的，也不是日韩为代表的东方式，我国在进入社会主义发展道路之后，深受马克思主义思想的影响，这在无形中打破了我国传统的以儒家为核心的教育模式，在无形中借鉴并沿袭了苏共思想政治教育方法，而且成为了一种教育思维定式；随着我国改革开放的深入开展，我国高校教育思想也发生了一定的变化，对西方教育思想的学习也越来越频繁、越来越深入，在这样的教育环境下，我国高校思想政治教育逐渐与国际思想政治教育接轨。

二、高校思想政治教育对象特征

在社会转型和改革开放的时代背景下，由于经济、政治、文化环境的迅速变化和科学技术的迅猛发展，大学生这一思想活跃、易接受新鲜事物、充满生机与活力的群体呈现出了与以往不同的特征。

（一）受新时代社会思潮影响的大学生特征

高校会聚了大批年轻有为的大学生，他们充满探究精神，充满活力。国外社会思潮的涌入、国内变革的深入以及大学生个人发展的需要，使得当代大学校园成了多种社会思潮蔓延的集散地。目前，高校思想文化领域发展的主流是积极的、健康的，马克思主义指导地位持续得到巩固，中国特色社会主义理论体系深深地扎根于人们的心中。即便是这样，我们也要清醒看到，依然有消极的社会思潮正在侵蚀着大学生的心灵，如拜金主义、享乐主义、攀比风气等。

社会思潮对当代大学生产生特殊吸引力的原因主要有大学生自身特点和校园环境。首先，作为气血方刚的年轻人，大学生在很大程度上存在着反传统、叛逆的精神，他们勇于向正统挑战、对权威意识提出质疑，喜欢寻求刺激心理；他们有自己独立的思想见解，但也容易受他人观点影响。与此同时，大学生世界观尚未完全形成，对外界事物、新鲜事物有很强的接受能力，易于接受一定的社会思潮。

其次，大学校园和大学文化的特征也有利于社会思潮的登陆。例如，大学独特的批判精神、大学生的独立性，以及大学校园与文化的开放性、包容性等特征。所有这些，都适合社会思潮向大学生的蔓延，成为部分大学生思想上和精神上的家园，甚至对于一些大学生而言，接受或传播某种社会思潮已成为表达自己的一种方式和手段。

各类社会思潮抢滩高校校园，对大学生的影响可谓正负交织、意义重大，其关键在于引导和交流。对大学生的思想政治教育既不能忽视社会思潮反映社会现象和现实，帮助大学生了解社会丰富性和复杂性的镜鉴作用；也不能忽视各种消极有害的社会思潮冲击我们现有的思想政治教育目的和成果。只有立足这样的现实，才能顺畅地与大学生开展交流与沟通，准确地掌握大学生当前的思想动态。如果偏执某一方面，势必造成教育者与被教育者之间产生交流隔阂，乃至情感障碍。

（二）由经济独立带来的大学生人格独立性特征

存在是哲学中的一个基本范畴，所谓存在方式，就是物质和精神高度统一的方式，通俗的理解是一种生活方式。人作为历史活动的承担者，其存在方式必然要受到社会经济形态发展规律的制约。由非市场经济向市场经济过渡，在这个过程中人类生存方式的发生了全面的变革，因此马克思将其概括为由人类依附性地生存，到建立在物的依赖性之上的人类独立性生存。随着改革开放的不断深入，我国经济体制由计划经济向市场经济过渡，社会结构也随之发生变化，企业与个人成了独立主体，使人摆脱了过去人身依附关系，平等意识增强，主体性越来越突出。这种现实趋势，必然会对当代大学生造成直接或间接的冲击。和过去的大学生相比，当今的大学生主体意识有所增强，独立意识亦有所增强，自我意识凸显，在突破自我认识局限的前提下，普遍寻求前卫和个性张扬。许多大学生在业余时间，靠勤工俭学或兼职赚外快贴补日子，合开店铺等经济行为，已经成为大学校园的一种常态，大学生经济自主化问题越来越凸显。但是这种以经济独立为代价的人格独立，在许多情况下不能带给大学生产生如约而至的快乐。这是因为市场经济是一个竞争的市场，它要求每个市场主体都必须有充分的竞争意识，否则就会失去竞争力甚至被淘汰出局。市场经济中，竞争机制的导入，刺激着人的生产动力，推动了生产力的发展，生产关系也得到解放，从而促进政治、经济、文化的全面繁荣；与此同时，市场经济体制的建立，也导致人们思想上产生强烈冲击，传统的道德观念受到挑战，价值观出现混乱。就业方式多样化，使谋生方式发生变化，改变着人们对于社会的看法，也从根本上改变了人的思维方式。

（三）高新科技、新媒体应用引发的大学生特征

科学技术飞速发展，网络新媒体脱颖而出，正在改变人们生活方式、沟通方式与知识获取。随着互联网时代的到来，网络已经成为我们日常生活不可缺少的一部分，网络技术逐渐成熟，让它成为信息传递的时尚方式。作为在新兴科技推动下不断壮大的新新人类，大学生必然走在时尚生活的前列。他们在第一时间适应新的生活方式、交流方式和学习方式，他们对于计算机、手机上所涉及的各种软件的操作都是驾轻就熟，他们十分推崇网络购物、网络支付、电子商务这些网络技术衍生物，并且将会不会使用QQ、微信等社交软件，作为是否时髦的标准。大学生的网络依赖性强，这对加强大学生网络思想政治教育工作提出了新的要求。但是，自从网络媒体崛起后，由于它缺乏必要的监督与指导，网络上鱼龙混杂，各种暴力行为、恐怖、色情信息横行，网络文化环境令人担忧，净化网络环境，是营造大学生良好沟通平台的前提与基础，同时也是当前高校开展网络教学亟待解决的首要问题。同时大学生推崇的时尚生活方式，越来越向虚拟化方向发展，虚拟生活、虚拟世界、虚拟角色正在将处于社会化进程中的大学生带入虚无之深渊，很多大学生迷失在虚拟世界之中，大学生在寻求感官刺激思想的作祟下，变得更"宅"了，从而导致大学生与社会缺少面对面的交谈、心与心的交流，进而产生网络道德移位等问题。这一切都在呼唤我们要加快网络精神家园的建设，进一步弘扬与传播健康、向上的网络文化，使其成为社会主义先进文化传播的一种新方式，成为大多数大学生精神文化生活中一个健康发展的新空间。

（四）大学生教育效果需要层次性不同的特征

所谓的需求主要指的是人们有意识行为的内在动机和外在指向，人们的需求会随着时代、生活环境的变化而变化，同时不同的人的需求也有所不同。理想就是基于对现实的反思，对现实需要的一种超越，属高层次需求，若根据马斯洛需求层次图进行划分，应属自我实现之需。需求的水平，决定了理想的水平。对大学生进行思想政治教育，其目的就是从实现人的全面发展出发，主要作用是提高大学生理想诉求层次，对实现理想诉求给予精神援助与动力支持。当代大学生承载着家庭、学校、社会的高度期望。大学阶段对学生生理、心理上的成熟都具有重要的意义，更是世界观、价值观、人生观形成过程中的一个至关重要的阶段。因各自的家庭背景、学习经历、志向兴趣、人际关系等因素存在差异，他们在信仰方面有所不同，同时他们对于自己的身份定位与要求也各不相同，选择需求满足方式不一样，这些不可避免地会对思想政治教育效果产生不同的影响。从某种意义上讲，大学生的思想状况决定着其人生命运的方向，影响着未来社会发展进程中各方面问题的解决程度。有些学生在入学时，得到了国家或社会的支持，有一颗感恩社会、感恩国家的心，他们并将其与自身所受到的爱国主义思想内容相结合，也许在以后的日子里，还能把爱回报给社会；有些学生原本对于社会转型期的不公正现象十分不满，当出现质疑马克思主义理论的情况发声时，此部分学生由于对马克思理论认识不够深，不可避免地就会产生思想上的动摇。针对大学生抱有的不同理想诉求与心路历程，高校还应采用精细化的态度来对待大学生的思想政治教育，一方面，要承认不同效果的客观性和合理性；另一方面，要开展有针对性的、分层次的教育。

三、高校思想政治教育的创新特征

高校思想政治教育的创新来自于满足国家、学校发展的需求，以及众多教育员工的丰富发展需求等，也就是注重适应社会发展需求以及适应人的发展需求。不过，那只是很概括的表述，从具体上来讲可把社会的需求分为国家、政党、民族、群体、个人全面发展的需求。

（一）高校思想政治教育创新具有一定的周期性

通常情况下来讲，创新就是人的某种能量累积到某个时候的体现，而能量积累，总要经过一段时间，并由特定的条件激发才能完成。同时个体也会出现创造力衰竭，这种情况在个人中得到了更为充分的体现，但是有时候群体和组织中也有这种情况，"集体无意识"可被视为这种情况的不直接描述。尽管个体之间的创新特征可能大相径庭，而群体或者组织创新和个体创新之间更是无法简单地进行类比，但是，我们不应忽略群体与组织同样会出现创新周期性。我们这里扼要说明，高校思想政治教育工作创新具有周期性特征，的确存在着巨大困难。因此，这就必须涉及两个根本问题：其一，这一周期性有哪些具体体现？其二，造成这一周期性有哪些方面的原因？

若仅以创新视角考察改革开放以来高校思想政治教育工作的开展情况，其具体可以分为若干时间阶段，各阶段创新的内容和特征表现各不相同。

第一阶段：20 世纪 70 年代末到 20 世纪 80 年代末，这一阶段大概又可分成两个小阶段。第一小阶段是 20 世纪 70 年代末到 20 世纪 80 年代初，在这个阶段，工作的重点放在了纠正之前错误的指导思想、确立新思想理论基础、确立新的活动秩序上；第二小阶段为 20 世纪 80 年代初至 20 世纪 80 年代后期，从某种程度上来讲这个时期充满了激情与理论想象，这个时期的特点就是思想解放，各种思潮相互激荡。在第二小阶段，全社会发展的指导思想越来越清晰，于是一系列改革的重大决策便应运而生，把计划经济同市场经济结合起来，实行计划经济为主、市场调节为辅的方针，如《中共中央关于经济体制改革的决定》，提出社会主义经济是在公有制基础上有计划的商品经济。[1] 高校思想政治教育正处于这一大环境下，无论是思想政治教育的理论内容，还是思想政治教育的传播方式与应用体系都得到了全面的创新，例如，设置思想品德课，深入开展形势和政策教育、组织高校学生参与社会实践；一些院校开设了思想政治教育专业，并开设了第二学士学位班，加强高校学生思想政治工作的队伍建设等。

第二阶段：20 世纪 80 年代末至 20 世纪 90 年代初期，这个阶段的整体创新较少。但是，这不等于这个阶段没有创新准备。创新和维旧，从来都像是一枚硬

---

① 中国政府网 . 中共中央关于经济体制改革的决定［EB/OL］. （2008-06-26）[2022-08-10]. http://www.gov.cn/govweb/test/2008-06/26/content_1028140.htm.

币上的两面，如果需要创新，那就需要维旧一段时间，这也是为了创新而积累能量。其实这个道理和"温故而知新"一样，保持优良传统，还为新一轮创新做了良好的铺垫。此外，在表现形态上似乎是"新"的东西，事实上，并不一定就有创新，同理维旧也不见得毫无新意，其道理就如"推陈出新"。为了能够有效避免人们自吹自擂的现象大量出现，我们或许还应该考虑确立创新衡量标准，在这些准则中，实践准则占主导地位，也就是实践结果和效用程度，这是判断创新与否的唯一标准。如果说这个阶段有创新的话，那么这个阶段以应用体系创新为主，尤其对中国优秀传统文化的价值进行了解析，在继承优秀文化传统上做了大量工作。我们可以把这种创新方式比喻为"老树萌发新芽"。在这一时间段内，思想政治教育学科建设呈现出新的创新特征，换句话来讲，也就是我国高校思想政治教育工作在稳固自身已有成果的基础上，对高校思想政治教育专业进行了全面的建设，并逐渐形成了学科群。学科体系研究成为高校思想政治教育学科建设中最活跃、最有价值的研究课题之一。随着我国高等教育事业的快速发展，不仅是我国思想政治教育本科专业得到了全面快速的发展，思想政治教育硕士专业也得到了较好的发展，在这样的大环境下，我国高校思想政治教育学科建设得到了全面的发展，如课程建设、师资队伍、教材编写等，而教材编写的发展成效尤为明显。

第三阶段：20世纪90年代初至21世纪初，这个时期我国思想政治教育正处在隐含着新发展机遇的舞台，当然这个阶段也是迅速发展与不平衡状态交织在一起的阶段。在这个较长的社会时段内，党和国家对加强爱国主义教育采取了很多有意义的新思想和新措施，例如，中共中央为了弘扬、宣传爱国主义精神而颁发的《爱国主义教育实施纲要》，当然除了这个文件之外，我国相关政府部门还颁发并实施了很多的文件措施。在这一新形势下，高校思想政治教育工作在贯彻与落实中央精神的过程中，对思想政治理论教育的路径、方法应用进行了全面的创新，其创新成果颇多，如网络思想政治教育、校园文化建设等。这些都是适应时代发展要求而做出的有益探索与尝试，也为今后我国高等学校大学生思想政治教育提供了借鉴与启示。与此同时，这一阶段从应用理论上实现了集成创新和引进消化吸收的再创新，比如，坚持把邓小平理论引入课堂、走进教材，走进学生的心灵；思想政治理论课程的教学，坚持理论传导和社会实践密切结合，增强理论教育效果；注重发挥大学生社团在思想政治理论课教学中的积极作用。与此同时，我们在开展高校思想政治教育过程中，并非闭门造车，也在很大程度上吸收并借鉴了其他学科的理论与观点，以此来分析、解决高校思想政治教育发展过程中所面临的各种难题，例如我们在开展高校思想政治教育工作时，借鉴了美学的理论知识，让学生形成正确的审美价值；又如我们在思想政治教育中借鉴传播学的大众传播理论，对思想政治教育内容进行精准传播等。现阶段，随着我国学术界对中国传统文化解读的不断深入，教育者逐渐认识到中国传统文化对高校思想政治教育有积极的影响，为此他们将中国优秀传统文化应用到高校思想政治教育之中，从而促进大学生理念的发展，并注重由特定的素质向文化精神的转化、由思想内涵向思维方式升级和延伸。由此可以看出，这一阶段思想政治教育在应用体系的创新上具有全方位的特点。

第四阶段：从 21 世纪初到现在。在这个阶段里，我国经济社会发生了变化，高等教育也进入了大改革、大调整时期，高校的社会职能由单一服务于经济建设转向全面育人。这一阶段开始的标志是中共中央 2004 年发布了 16 号文件，高校思想政治教育工作正在呈现出全方位、综合创新的特点。就现在已出现的状况来看，高校思想政治教育主要具有如下特点：一是使教育对象认知丰富化，由原来的以工作为中心，逐渐向以人为本的方向发展，虽然最终实现这一目标仍需要一个漫长的过程，但是起点已经很好了。与此同时，大学生的心理状态和需求也发生了很大变化，呈现出多元化趋势，这使得高校的思想政治教育出现了一些新特点，需要引起我们足够的重视。随着"以人为本"思想政治教育理念的深入发展，人们在无形中也改变了对大学生的认识，人们不再受"非此即彼"思维定式的影响，其思维方式也变得丰富多彩；二是在高校思想政治教育工作开展过程中，人们逐渐摆脱了单一式教学模式的束缚，其教学模式呈现出多样化的特点，与此同时，教育者在开展教学的过程中也不再仅仅以书本知识为主。这一情形为创新态势的形成提供了一个重要的契机。同时，在新时期背景下，如何实现思想政治教育工作方法与途径的不断创新，成为当前亟待解决的现实课题之一；三是积极拓展自身的理论知识，增强问题意识。这一点无论是高校思想政治教育理论研究者，还是高校思想政治教育实践者，都应当积极践行，以适应不断变化的工作和研究环境，这也正是思想政治教育发展到今天需要面对和解决的现实课题之一。我们需要注意的是，现阶段高校思想政治教育学科正面临着研究范式的转型，这一范式转型的动因主要来自两方面：第一，破解社会转型带来的新问题；第二，一大批具有较高水平的教师走进教育岗位，走向科研第一线，充实高校思想政治教育现实工作第一线，而这一批人自身充满探索精神、学术研究冲势强劲、问题意识强，同时具有相当的理论基础，理论视界比较宽广，因此他们的创造力，将大大地超越前人。

关于这种具有周期性的表现，其特征不能简单地用时间的视角来描述，而且我们也不能精确计算出每个周期需要耗费多少年的时间。从这个角度上讲，创新体系中不同时期的技术成果之间存在着明显的差异和不稳定状态。如果我们从创新体系上对创新进行重新审视，我们不难发现，吸收、消化、再创新这一现象十分常见。另外，从综合创新的角度上来讲，我们可以发现这样的创新具有一定的周期性，而其周期性又受到某些因素的影响，也就是受社会意识形态创新大格局的影响。除此之外，这样的创新也受从业人员创新能力的影响。从具体上来讲，这主要是由于个体的创新能力是一个常量，一些人的创新能力出现得比较早，而一些人的创新能力出现得比较晚。就代际交替与代际接续情况而言，这一综合创新可呈现 20 多年循环的特点。

（二）高校思想政治教育创新具有多样性和延展性

高校思想政治教育创新内容丰富、形式多样，在不同的时期，其创新内容与创新形式各不相同，但是又在一定程度上体现了二者的统一。从历史发展来看，每一个时期都会产生一些新的观念、方法、模式、途径或制度等，这些都可以被视为一种创新。这一创新的多样性，可依分类标准的不同而进行不同的分类。本书更加注重高校思想政治教育延展性创新，它强调的不是一种单一的"创新"形式，而是一个复杂多样的整体结构与过程。延展性创新就是指某一种创新所产生的极大联动效能，这将导致一系列其他创新活动的产生，并促进这些新活动的发展。这类创新一般处于创新活动链中的最高端，我们也可以将其看作是创新活动系统中的核心，这种延展性创新对推动整个人类社会的进步与发展有着极其重要的意义。关于这种延展性创新，其表现形式可从理论创新、制度创新、体制创新、技术创新以及管理创新诸方面反映。高校思想政治教育同样具有一定的延展性特征，而且它的联动效应也逐渐呈现在人们的面前。我国高校思想政治教育工作经过 20 余年的发展，不仅思想政治教育学科本身发生了天翻地覆的变化——自身能量不断积聚，同时它对思想政治教育实践活动的积极推动作用愈发明显。从工作理念上来讲，我国高校思想政治教育始终坚持"三贴近"的原则，也就是贴近生活、贴近群众、贴近实际，在这样的教学原则指导下，我国高校思想政治教育工作逐渐与学生的现实发展需求相结合，并在此基础上形成了许多新的教学理论与新的教学方式，如生活德育论等。

第三节　高校思想政治教育重要意义

一、形成良好学风

和谐校园的建设离不开校园成员的共同努力，更离不开大学生党员所发挥的模范带头作用。大学生是国家的希望，并且直接关乎国家的建设。现在的大学生不仅要独立，还要面对各方面的压力，而实施高校思想政治教育的目的就是对大学生进行思想方面的正确引导。而且大学生中的党员作为高校学生中的先锋，普遍成绩优异、政治素养较高、组织能力强，一般来说会担任高校中的学生干部职位，有着较强的能力和影响力，是和谐校园的重要建设者。所以，搞好大学生思想政治教育可以充分调动他们构建和谐校园、树立良好学风的积极性，发挥其先锋模范作用，是构建和谐校园、形成良好学风的必然要求。

二、强化社会主义核心价值观的引领作用

新时期，国际、国内社会形势发生了很大的变化，在各种思潮的融合、撞击中，我国传统文化和思想观念受其他社会思潮影响较大，高校思想政治教育也遇到了很大挑战，如何加强高校思想政治教育成为当前高等教育工作者关注的焦点问题之一。由于大学生缺乏一定社会经验，高校思想政治教育要牢牢掌握社会主义意识形态话语权，巩固马克思主义在意识形态领域不可动摇的指导地位，增强学生对于马克思主义国家学说的理解，加强学生对于新时代中国特色社会主义政治内涵认知。高校应将思想传播于日常教育教学之中，向学生传播正确的价值观，

同时开展知识教育，指导学生主动学习、主动钻研，把教育工作做到实处。党的十九大胜利召开，习近平中国特色社会主义思想得到了全面的、更深层次的发展，与此同时中国特色的社会主义教育更加全面地融入高校思想政治教育之中，它给高校思想政治教育工作带来了极好的教育示范和典型。当前，随着我国高等教育改革的深入推进，各高校学生的价值观念发生了巨大变化，部分大学生出现了不同程度上的迷茫甚至是错误的价值观，这不利于高校育人目标的实现。基于当前的社会大背景，从我国现实国情和学生价值观教育现状出发，高校思想政治教育工作的创新发展任务迫在眉睫。高校思想政治教育工作担负着培养社会主义事业建设者这一重大任务，应潜移默化地对学生进行情感认同、行为习惯等方面的教育，引导学生形成正确的价值观，进而提高学生对于社会主义意识形态的坚定认同。

社会主义核心价值观在公民、国家和社会三个维度上，它对于个体所要遵守的价值准则、行为标准等都有一定的要求。社会主义核心价值观在意识形态教育中处于十分重要的地位，能够引导大学生确立正确的价值取向与人生追求。高校思想政治教育课程以社会主义核心价值观为主要载体，将"三个倡导"思想应用于教育教学、社会实践、校园活动之中，能够科学地指导学生理想信念的确立，使其建立正确"三观"，培育大学生社会责任感和国家制度认同。这样不仅增强了教育的实效性，同时也能引导大学生养成为社会服务的习惯，并秉持奉献社会的理念，从而带领大学生将中华民族的复兴、发展中国特色社会主义事业当作是自己的使命，也只有这样才能培养出能够承担民族复兴重任的时代新人。

三、顺应时代发展的必然趋势

党的十九大召开后，高校思想政治教育出现了新变化。随着国家对人才质量要求的提高以及大学生自身素质能力提升需求，如何在新形势下加强和改进高校思想政治教育成为亟待解决的问题之一。高校要认真做好青年学生思想政治教育，担负起思想道德建设、实现立德树人的重任，从而造就新时代优秀人才，实现中华民族伟大复兴。

现在的社会环境是复杂多样的，在这个百年难遇的社会大变革时期，在西方形形色色非主流意识形态渗透的情况下，开展意识形态领域建设，是当前我们的一项重要工作。大学生作为国家未来发展的生力军和社会主义事业的建设者与接班人，对我国的社会稳定以及经济发展都具有非常重大的意义，是实现中华民族伟大复兴的主力军。

新时期，意识形态领域的情况复杂多变，在高校思想政治教育工作中，最重要的是坚定信念，坚持马克思主义、社会主义、共产主义的信仰，坚定中国特色社会主义道路，提升文化自信；必须把握大学生价值观养成的关键时期，为其发展和成才提供一个健康的精神环境，并创建和谐校园氛围，由此培养出能肩负民族复兴使命的时代新人。只有广大青年学生有足够的民族自信，才能同世界人民分享我国的优秀文化，加强与各国的文化交流。

高校师生，作为高素质的人才，他们不仅有十分活跃的思想，同时也有高度的政治敏感度。特别是大学生，正处在价值观的形成时期，易受西方社会思潮的影响，进而产生一些偏激、对社会稳定不利的观念和行为。所以，构建高校思想政治教育精神环境要更多关注高校师生精神需求，不断适应高校师生发展的需要，给他们营造健康的发展环境，让他们养成正确的价值观与人生态度，使得他们坚定自己的政治信仰与追求。对于教师来说，他们要发挥模范作用，这主要在于教师在教学中对学生起到了言传身教、潜移默化的作用。唯有教师本身具有较好的自我修养与专业素养，具有坚定理想信念，才能教好学生。尤其对于高校思想政治教师来说，他们是思想政治教育精神环境建设中最重要的执行者，是构建学生精神世界的领航者。唯有不断地满足高校教师的精神需求，逐步完善教师队伍，才能够真开展好高校思想政治教育工作。

第二章　高校思想政治教育的时代问题

本章主要介绍了四个方面的内容，依次是高校大学生角色研究、高校思想政治教育面临的新形势、高校思想政治教育现状、高校思想政治教育的发展方向。

第一节　高校大学生角色研究

改革开放 40 多年来，我国大学生思想政治教育始终坚持中国共产党关于思想政治教育的正确指导方向，在改革中探索、在继承中创新、在实践中不断开拓，重视增强思想政治教育针对性、实效性，为中国特色社会主义事业培养德、智、体、美全面发展的合格建设者、可靠接班人。加强对改革开放以来我国大学生思想政治教育工作的特点和客观规律的总结，并在此基础上借鉴其经验，具有十分重要的意义。

一、高校思想政治教育中大学生的角色特点

大学生思想政治教育工作紧随党的理论创新，将思想政治教育工作与中国特色社会主义建设实践融合在一起，正确把握教育环境和教育对象发生的新变化，有效运用新技术手段，积极建构新型领导体制、工作机制等，这在一定程度上促进了我党在创新发展过程中对大学生思想政治教育理论研究取得新成果。凡此种种都共同构成了改革开放以来大学生思想政治教育与时俱进的显著标志。但我们也应当看到，大学生思想政治教育目前也面临着新情况和新挑战，需要寻找新的理论突破口和实践切入点。因此，深入研究我国思想政治教育的特点及其变化规律，具有重要的借鉴意义。

（一）我国高校思想政治教育中大学生的主要任务

1.以理想信念教育为核心，树立正确的三观

从某种意义上来讲，理想信念对一个民族而言具有十分重要的意义，它是一个民族砥砺前行的风向标，同时也是大学生奋发向上的动力源泉。在大学阶段，大学生思想政治素质的提升离不开理想信念这一基石，而理想信念则是构成思想政治素质灵魂的关键。在当前我国改革开放不断深入、社会主义市场经济逐步建立的新形势下，加强和改进大学生理想信念教育具有十分重要的现实意义。为确保党和国家的长治久安，以及保障中华民族的前途命运，我们必须对大学生进行理想信念的教育。在当前形势下，加强高校思想政治理论课中理想信念教学显得尤为重要。在当下阶段，我们只有不断加强对大学生理想信念的教育，才能使大学生树立正确的世界观、人生观及价值观，进而使大学生具备良好的思想政治素质。

坚定理想信念，必须有科学的理论武装作支撑，必须持之以恒地用马克思列宁主义、毛泽东思想、邓小平理论、"三个代表"重要思想、科学发展观和习近平新时代中国特色社会主义思想武装头脑，让马克思主义中国化最新理论成果实实在在地走进教材、走进课堂、走进头脑，并认真回答大学生所关注的重要理论与现实问题，以此为大学生树立坚定的理想信念，提供正确的理论指导和有力的精神支柱。必须深入贯彻党的基本理论、基本路线和基本纲领，推动中国的革命与建设，对学生进行改革史、基本国情、形势政策等方面的教育，并开展科学发展观教育，让大学生深刻领会中国特色社会主义道路，让大学生明白中国特色社会主义道路是实现民族振兴的必由之路。

理想信念教育应建立在对大学生进行引导，使他们自觉地将对生活的追求与祖国前途和命运联系在一起的基础上。当前，在我国改革开放深入发展和社会主义市场经济逐步建立完善的新形势下，加强对大学生进行理想信念教育具有特殊重要意义。要对大学生进行教育和引导，使他们认识到必须深入群众、投身实践、亲身感受时代脉搏；必须磨练意志、砥砺品格，确立以诚实劳动共创美好生活的理念与精神，从点滴小事做起，从一点一滴做起，随时做好承担历史重任的准备，为中华民族伟大复兴而战，进而谱写一曲壮丽青春之歌。

2. 以爱国主义教育为重点，深入进行弘扬和培育民族精神教育

爱国主义思想对于大学生而言具有十分重要的意义，它是大学生能矢志不渝、不屈不挠地为国争光的重要思想基础。高校是对学生进行民族精神弘扬与培养教育的重要场所，全体教师要挖掘隐含于各种课程之中的民族精神、时代精神等教育资源，将民族精神、时代精神贯注于知识的传授之中，并将其渗透到校园文化之中。我们必须在广大大学生中发扬团结统一、热爱和平、勤劳勇敢的爱国主义精神，以及自强不息等伟大的民族精神，推崇一切利于国富民强、人民群众安居乐业的理念与精神，指导大学生提高民族自尊心、自信心和自豪感，将奉献自己的一切、建设社会主义祖国看作是最崇高的荣誉。

毫无疑问，当下民族精神在无形中体现了时代精神。在高校思想政治教育中，我们要加强对中华革命传统文化的教育，通过这样的教育让大学生清晰地认识到中国共产党在中华民族复兴事业中所展现出来的伟大精神，也让大学生明白中国共产党是中华民族精神的继承者和创造者，我们需要深入推进中华民族优良传统和中国革命传统教育，将中国特色社会主义的伟大实践与以改革开放为核心的时代精神教育相结合，以引导大学生在民族精神教育中获得更深层次的认识。

3. 以基本道德规范为基础，深入进行公民道德教育

基本道德规范对引导大学生成为"四有"新人具有重要的规范与指导作用，它既包括做人做事所必需的行为规范，也包括为人处事的态度方法等内容。塑造良好道德情操，提高道德修养，自觉履行道德规范，实行道德自律，这是一个合格人才与公民所必备的基本素质。作为高校思想政治工作者，我们要通过各种途径和方法来提高大学生的思想道德水平。大学时期，是一个人一生中自觉道德意识养成的一个重要时期，这期间所形成的思想道德观念，对他们的人生会产生巨大的影响。因此，要使当代大学生成为具有社会主义觉悟、坚定共产主义信念、遵纪守法的合格建设者和可靠接班人，帮助他们养成良好的品德显得尤为重要。加强与改进大学生思想政治教育，应将帮助与促进他们养成良好道德情操与道德修养放在重要地位，要教育引导大学生认清"做什么样的人"与"怎样做人"的根本原则。①

---

① 张禧，毛平，尹媛媛. 大学生思想政治教育实效性探索［M］. 成都：西南交通大学出版社，2014.

必须以为人民服务为主线，本着集体主义的原则和诚实守信的精神，深入开展大学生道德教育。社会主义道德建设的核心在于以人民为中心，以集体主义为原则，以诚实守信为大学生立足之本。要秉承《公民道德建设实施纲要》的要求，在高校教学中广泛地推广社会公德、职业道德和家庭美德教育，与此同时我们也要积极开展道德实践活动，将其融入大学生的学习和生活中，引导他们自觉遵守社会主义基本道德规范，如遵纪守法、勤俭自强等，并在此基础上妥善处理个人与社会、竞争与协作、经济效益与社会效益等各个方面的关系，培养出高尚的道德品质和文明行为。

诚信，是市民思想道德素质中最为核心内容的外化，我们也可以将其看作是大学生走向社会的身份证。不诚信这颗种子结了恶果，就会危害社会，殃及自己。要教育大学生养成以守信为荣、以失信可耻的品格，以德立身，以诚为德，言必行。道德教育应遵循知行统一的原则，引导大学生从自己身边事抓起，从具体问题入手，并通过各种途径，使道德教育变得丰富多彩、生动活泼。

4. 针对大学生的全面发展，深入开展基本素质教育

促进大学生的全面发展，不仅对推动人的全面发展有重要的意义，同时对提高全民族的素质也有着重要的意义。大学生的全面发展包括学习能力、实践能力、创新能力等多方面内容。为此，大学生全面发展，不仅要充实知识内容、提升技能，同时也要全面提升自身其他方面素质。大学生全面发展包含大学生思想道德素质、科学文化素质，以及健康素质等。推动大学生的全面发展要坚持以人为本，教育和引导大学生学会为人处世的道理与方法；在教学的过程中，我们不仅要帮助学生打开自身视野，让学生掌握丰富的理论、实践知识，同时也要逐渐提升学生的创新精神及能力；在教学的过程中，要不断提升学生的各项智力能力，如记忆力、思维能力、观察能力，还要发展学生的各项人格能力，如兴趣、情感、意志力等。此外，在教学过程中我们也要积极开展法治教育、人文素养教育等，不断提升大学生的思想道德素养，并在这个过程中提升大学生的文化素质，引导大学生不断增长科学文化知识、知行合一、德才并进，帮助其提高思想政治素养。

（二）新时代下我国大学生思想政治教育发展特点

20 世纪 70 年代，明确将科教的发展作为发展经济、建设现代化强国先导的地位与作用；1978 年 12 月召开的十一届三中全会，全面拉开了中国改革开放的

序幕，此后的40多年来，我国社会发生了深刻的变化，其中大学生思想政治教育也为伴随和适应这一变革，先后经历了恢复与发展、加强与改进、强化和创新三个历史阶段。正是这三个历史阶段，目睹了改革开放以来中国大学生思想政治教育工作的特征和变化规律。针对40余年来，大学生思想政治教育工作呈现出的鲜明的阶段性特征，以下将分为三个阶段对改革开放以来大学生思想政治教育进行基础性解析。

1.党在全面改革开放、建设社会主义现代化的历史时期所开展的大学生思想政治教育

党在全面改革开放、建设社会主义现代化的伟大历史进程中所开展的思想政治工作主要包括拨乱反正、进一步加强和改进思想政治工作，开创了社会主义现代化建设的新局面，正式形成了邓小平思想政治工作理论体系等。其中与大学生思想政治教育相关的内容主要包括在全国范围内开展关于人生观的大讨论、在高校范围开展向英雄人物学习的活动、学习无产阶级革命家著作、"热点"上的思想政治工作、开展社会实践活动、强化学校思想品德课教学、在高校范围开展"五讲四美三热爱"活动等。这个时期，我国大学生思想政治教育工作的主要特征是：树立实事求是的态度、坚持说服教育和顺应时代要求的教育原则，以及以引导渗透为主的思想政治教育方式。就教育方法而言，这一时期遵循寓教于乐的原则，除了课堂讲授，还采取了专题讨论、参观访问、社会调查等多种形象化的教学方法，努力通过学生喜爱的教学活动形式，将党和国家倡导的各项方针政策贯穿其中，以健康有益思想文化抢占思想、意识形态阵地。党中央、国务院对大学生思想政治理论课程改革非常重视，先后出台了若干有关改进和加强高校马克思主义理论教育工作的文件，提出符合高校实际情况的建议及政策措施，"85方案"已经形成，并获得了较好的执行效果；增设了"共产主义思想品德""法律基础""形势与政策"等课程，积极推行爱国主义和集体主义教育，并对学生进行社会主义和中华民族传统美德的教育。这些举措有力地促进了各高校思想政治课教学改革进程，取得了可喜成效。

2.党在面向新世纪全面推进建设有中国特色社会主义事业的历史时期所开展的大学生思想政治教育

在领导全国人民开创社会主义现代化建设新局面、把建设有中国特色社会主

义伟大事业全面推向 21 世纪的重要战略机遇期中，党的第三代中央领导集体确立了社会主义市场经济体制改革目标并初步建立了社会主义市场经济体制。在此期间，国际形势剧烈变动，国力竞争异常激烈，各种思潮相互激荡。中央领导集体根据我国不同时期的具体情况，对大学生思想政治教育在不同视角下的定位与功能进行了深入阐述，并在此基础上加强与改进了大学生思想政治教育工作指导思想与战略部署，为大学生思想政治教育打开了一个崭新局面。进入 20 世纪 90 年代以来，高校都十分重视课堂教学对大学生思想政治教育的引领作用，在进一步强化马克思主义理论和思想品德课教学的同时，陆续推出一批颇有特色的人文素质课程及科学技术课程。在这样的环境下，心理健康教育课成为许多高校实施素质教育、提高大学生心理素质和培养全面和谐人才的重要手段之一。同时校园文化、大学生的社会实践、网络教育、职业生涯规划等思想政治教育的新形态不断涌现出来，在一定程度上创新了大学生思想政治教育的渠道，特别是与实际生活贴近的素质教育、第二课堂等概念，对于逐步构建系统全面、高效务实的育人网络起到了积极的促进作用，对大学生思想政治教育的理论与实践创新也发挥着重要作用。

3. 党在全面建成小康社会、构建社会主义和谐社会、实现经济社会又好又快科学发展的历史时期所开展的大学生思想政治教育

我国社会主义现代化建设已步入一个新的发展阶段，经济体制发生了深刻的变化，同时我国的社会结构也发生了深刻的变化，各种利益格局发生深刻改变，思想观念发生了深刻的转变，这些都对大学生产生着广泛而深远的影响，也给高校思想政治工作提出了更高更新的要求。大学生的思想政治教育表现出了一系列的重要特点，高校所面临的挑战与日俱增。如何适应这种形势发展要求、做好新形势下大学生思想政治教育的相关工作，是摆在我们面前的重大课题。党中央高度重视，始终将加强和改进大学生思想政治教育作为贯穿于中国特色社会主义事业发展全过程的重大战略任务，将推动大学生全面发展、满足大学生不断增长的文化需要放在日常工作中的重要位置，强调以人为本，对高校大学生进行思想政治教育，各项任务在强化改进上不断创新发展，以重点突破为抓手，全面推进，最终获得了前所未有的新成果。从 2002 年起，中央批准的思想政治理论课系列教材陆续出版，它促进了马克思主义中国化新成果的理论转化，推动了马克思主

义理论学科体系不断创新，为运用马克思主义理论武装头脑提供了强大的学理支撑，马克思主义理论学科体系建设取得明显进展；对大学生思想政治教育作出全面部署，进一步明确了思想政治教育在教育工作中的特殊重要地位。这几个文件是新世纪新阶段大学生思想政治教育的纲领性文献，连同 2004 年开始的以实践"三个代表"重要思想为主要内容的保持共产党先进性教育活动一起，标志着大学生思想政治教育进入一个崭新的发展阶段。大学生思想政治教育正在大力开展包含马列指导思想、中国特色社会主义共同理想、以爱国主义为核心的民族精神和改革创新为核心的时代精神以及社会主义荣辱观在内的社会主义核心价值体系的教育。这些教育内容立足长远、放眼未来，帮助在校大学生明确自己的责任所在，自觉践行教育目标。其内容多个角度涉及大学生思想政治教育，为思想政治教育提出了改革发展的宏伟纲领和行动指南。

二、社会实践与大学生思想政治教育

从目前我国高校的实际情况来看，由于受到传统教学观念以及体制机制等因素的影响，当前的高校思想政治教育存在很多问题和不足，不利于学生综合素质的提升。因此，应构建完善的高校实践教育体系，在注重实践教育的基础上，不断加大高校教育体制改革力度，持续推动我国高校教育质量的提升。

在高等教育事业蓬勃发展的今天，大学思想政治理论课教学也越来越受到人们重视和关注。在大学教育中，不少院校通过强化大学生的实践教育，大大提高了教学质量，实践教育已成为当前阶段改进高校思想政治教育工作最为有效的方法。然而当前阶段的大学生实践教育仍存在诸多问题，因此，高校应立足于思想政治理论教育，深入开展大学生实践教育工作，使大学生能够将高校理论和社会实际相结合，使得实践教育在大学生思想教育中更具有重要地位，而在大学中做好思想政治教育工作，也可以很好地推动大学生实践教育，两者互为补充。因此，只有这样才能有效解决大学生思想政治教育过程当中所面临的诸多难题，从而提升其实效性。

（一）实践教育对大学生思想政治教育的重要性

开展社会实践活动，有利于拓宽思想政治教育受益面，实现政治理论与实践教育相结合。从社会实践活动目的来看，实践教育旨在让所有学生都能主动参与进来，让学生从多角度、多层次接受教育，从而不断提升其自身素质水平。

实践教育促进了大学生的思想政治教育。

1. 社会实践活动便于学校开展组织活动

社会实践活动为学校进行思想政治教育工作提供了便利，使其在工作开展中的部分问题迎刃而解。通常情况下一些成效比较好的活动，学生参与的积极性十分的高，但是受各种条件所限，常常出现出席者寥寥无几的现象，导致有相当一部分学生停留于活动圈子之外。究其原因，主要是社会实践活动中没有真正体现"学"和"做"相结合的原则。解决这一问题，能够使得作为社会实践活动主体的学生受益面得到极大的拓展，与此同时，以社会实践活动为载体，能使学生真正地深入基层。正因为如此，学生能够了解我国的国情、体察民情，并对社会现实需要进行剖析，找出其不足之处，让学生在理论联系实际中学习理论，增强他们对当前和今后相当长一段时间内我国正处在和将要处在社会主义初级阶段这一最伟大现实的理解。

2. 社会实践活动有利于大学生的成长

由被动参与转变为主动参与，这是一个从量变不断叠加，再到质变的过程。目前"研究社会，助困扶贫，服务社会，践行成才"已经成为广大大学生的一种自觉行为。每到放假的时候，大学生都会走出校门，走入社会，全身心地参加社会实践，并在社会实践活动中受到教育、得到锻炼，不断提高认识和解决实际问题的能力。社会实践活动越来越多地成为大学生成才本身所需。

社会实践活动能够帮助大学生了解现实社会的许多问题与矛盾。随着我国社会主义现代化建设进程的不断推进，改革开放也在不断向纵深方向发展，并取得了很大的成绩，但也产生不少新问题、新矛盾。怎样去理解，去化解这些新的问题与矛盾，在很长的一段时间里，是学校开展学生思想政治教育工作所要面临的重要问题，比如关系到学生的切身利益——毕业就业等。在社会主义市场经济体制逐步确立和发展的今天，高校毕业生从以往统包统配、计划分配模式，逐渐转变为自主择业。这样的择业方式，致使大学生心态复杂，矛盾心理突出。一方面从"从属于国家的需要"向"尊重个人的自愿"和"从属于国家的需要"并重过渡，而这样的就业方式也受到了广大学生的推崇与喜爱；另一方面是受人才市场机制和竞争规则不完善的影响，一些学生无从下手。由此，在部分学校里，不同程度地存在着一种极端的社会观。对于这些过激认识，以及对于理想同现实有距离这一矛盾的化解，仅靠校园里的教育引导，很难取得成效。但学校可以有目的地安排大学生开展社会实践活动，经过深入社会、深入实际，让大学生对国情有所认识、有所理解，明确就业形势，了解毕业生社会需求情况，根据自己的实践，确立正确择业观念，实现个人志愿和祖国所需的结合。社会实践活动这一大学生进行自我教育的一种手段与形式，能够帮助大学生理解和解决困难、矛盾，是学校强化和完善毕业生思想政治教育工作的有效途径。

3. 实践教育是大学生思想政治教育的重要途径

现阶段，实践教育在教育中占据十分重要的地位，当然它在高校思想政治教育中同样十分重要，是我国高校开展思想政治教育的重要途径之一，它在高校学生思想政治教育中发挥着举足轻重的作用。大学生作为社会发展中一个特殊群体，他们的思想意识与国家的未来息息相关，所以加强对其进行实践教育非常有必要。开展实践教育，有利于大学生思想政治观念与理念的改善与提升，有利于大学生个人素质的提升以及个人人生观、价值观与世界观的定位。实践教学对于培养学生创新思维以及实际应用能力有着积极作用，有利于增强大学生的社会责任感，从而使其成为符合时代发展需要的人才。与此同时，大学生也能够将平时学习到的理论知识有效地应用到实际工作过程中。因此，加强大学生的思想政治实践教育对于提升学生自身的综合素养有非常积极的作用。高校在对大学生进行思想政治教育的过程中，应该将实践教育的环节融入其中。

4. 实践教育可以有效提升大学生的思想政治素质

大学生的思想政治素质提升离不开实践教育，唯有通过实践，大学生才能将所学理论应用于现实生活，解决工作和生活中的实际问题，增强社会责任感，塑造健全品格和高尚个人素养。当前我国正处于经济发展的关键时期，高校思想政治教育面临着诸多挑战，高校的思想政治教育必须紧密结合实际情况，将理论与实践进行有机融合，以达到最佳的教育效果。

（二）以实践教育推动大学生思想政治教育的主要途径

1. 加强大学生的实践教育，扩大实践教育参与的广泛性

高校应强化大学生实践教育意识，将实践教育融入高校教育体系中，并将实践教育运用到日常思想政治教育工作中，促进大学生思想政治教育工作。同时要重视对大学生的实践能力的锻炼。大学生实践教育要与课内课外等一系列教学活动有机融合，形成日常化、经常化的实践教育，让学生自觉将实践教育融入思想政治教育。要想有效提高高校思想政治教育水平，必须重视对大学生实践能力的提升。在这一阶段的高校思想政治教育工作中，学生处于一种被动学习的状态，学生仅仅在思想政治课教师的指导下进行学习，很难将思想政治理论应用于实际工作中，怎样解决思想政治理论和大学生社会实践的结合就成了我们这一阶段高校思想政治教育的一大难点。高校可采用榜样示范等教学方法，强化大学生实践意识，促进其参加实践的积极性和主动性。

2. 高校要强化自身管理机制，提升实践教育的规范性

当前许多高校实践教育过程规范性不强，因此高校应建立大学生社会实践保障制度，应积极引导大学生走出去，走向社会基层，全面感受社会实践生活。当前我国高校学生的思想政治工作存在一些问题，影响了学生参与实践活动的积极性，因此必须加强对高校学生实践教育体系的构建与完善。如果我们要建立和完善高校实践教育长效机制，应坚持以人为本思想，为大学生营造良好实践教育环境，以此来培养大学生优良思想品德，把他们培养成社会主义建设的有用之才。高校必须提升对大学生实践教育工作的重视程度，将实践教育纳入教学体系之中，并通过多种途径来提升大学生的综合素质。高校应成立实践教育专门机构，对大学生思想政治实践教育活动进行统一管理，有计划、有指导地开展大学生实践教育工作，全面保障大学生实践教育。高校应该重视大学生实践教育工作，将学生实践教育与学校人才培养相融合，促进二者相互补充和相互促进。高校也应建立和完善大学生实践教育有关体系，有关体系应涉及大学生实践教育工作的开展、保障和考核等诸多方面。

3. 高校应当丰富实践教育的内容和方式

高校应当紧跟社会发展的步伐，不断更新课程内容和教育方式，以提升思想政治教育学科的审美水平。针对高校思想政治教育的实际情况，为大学生提供有

针对性的实践教育，这也是当前高校提升大学生综合素质的一条行之有效的途径。高校应当提供多样化的实践教育内容和方式，以分阶段、分层次的方式为大学生提供实践教育。在具体开展过程中要遵循循序渐进、因材施教和理论联系实际三个原则，使大学生能够真正理解并掌握理论知识。为适应大学生的成长特点和规律，高校要制定相应的实践教育计划和内容，使其与日常生活和工作相融合，与专业知识相统一，涵盖服务社会和创新创业等方面的实践内容，以培养全面发展的社会主义事业接班人为目标。高校的实践教学主要是指开展各种形式的实践活动。通过实践教育，大学生的爱国主义、集体主义、社会主义思想可以得到提升，同时也可以培养他们高尚的道德品质。对大学生进行实践教育还能帮助大学生树立正确的价值观。将实践教育与思想政治教育有机结合，有助于提升大学生的综合素质，有助于其实现自我管理、自我教育和自我服务的目标。高校思想政治工作者应将实践教育融入思想政治理论课教学中去。高等教育机构的思想政治理论教师应当充分发挥其在实践教育中的重要作用，转变传统的思想政治教育模式，积极探索和建立以专业学习和服务社会为主要内容的实践教育课程，将大学生的成长与高校的实践教育紧密融合，从而提升实践教育的成效。

总的来说，实践教育的具体方式呈现出多种多样的面貌。这就要求我们在开展思想政治教育时，既要重视对学生进行理论灌输，也不能忽视对他们进行实际锻炼。随着现代科技的飞速进步，伴随着社会主义现代化建设的蓬勃发展，实践的领域更加广泛，内容更加丰富，方式也更加多元。其中以学校为主体进行实践教育最广泛、最普遍。因此，随着社会实践的不断深入，思想政治教育的内容和方法也在不断地创新和拓展。其中最基本、最重要的是以培养学生的动手能力为目标的"社会实习"。大学生可以通过参与劳动教育、志愿服务、公益活动、科技创新以及勤工助学等多种实践活动来提升自身素质和能力。实践活动大致可划分为劳动教育、社会服务活动和社会考察三个方面。

（1）劳动教育，以生产劳动为主，公益劳动为辅，也有义务劳动、实习劳动、家务劳动。在劳动教育的作用下，使他们懂得劳动是人类社会发展进步不可缺少的条件之一。劳动教育是指在生产劳动中帮助受教育者形成正确的劳动观点和培养爱劳动、爱劳动人民的思想情感的教育，能够引导大学生走工农群众结合、体力劳动和脑力劳动结合之路；教育学生拒绝不劳而获，培养积极劳动的态度和抵制好逸恶劳、贪图享乐等思想的精神，培养他们珍惜劳动成果和艰苦奋斗作风。

（2）社会服务活动是一项有组织、有目的的志愿实践活动，旨在为服务者提供实践教育的重要途径。在活动中，服务者以自身的学识、技能和体力为支撑，积极为社会和群众提供实实在在的服务和帮助，不遗余力地发挥自身的才能和奉献精神。社会服务活动包含许多不同的内容和途径。从服务内容的角度来看，这些活动可以分为四类：生活服务、生产服务、科技服务和信息服务。生活服务涉及满足人们日常生活中的各种需求。例如，社区服务中心提供的老人照顾、儿童保育和社交活动，以及志愿者团体组织的慈善活动和环境保护工作。生产服务则是支持商业和工业活动的服务。这些服务包括物流运输、设备维护、咨询和培训等。生产服务的目标是帮助企业和组织提高效率和生产力，以更好地满足客户的需求。科技服务则是为了促进科技创新和应用而提供的服务。例如，技术咨询、研发支持和智能化解决方案等。这些服务旨在帮助企业和组织掌握新技术，提高创新能力，以及提供更优质的产品和服务。最后，信息服务则是为了提供各种形式的信息而进行的服务。这些服务包括图书馆和档案馆、新闻媒体和网络服务等。信息服务的目标是为人们提供及时、准确和全面的信息，帮助他们更好地了解世界和做出决策。总的来说，社会服务活动是为了满足人们的各种需求而进行的服务。不同的服务内容和途径适应不同的需求和群体，有助于建立更加和谐、公正和繁荣的社会。

（3）社会考察是一种通过认识和研究社会来提高受教育者思想认识和分析社会问题能力的方法，它被广泛应用于社会各个领域，特别是在思想政治教育中，作为一种实践活动方式。社会考察的目的是帮助受教育者深入社会实际，贯彻理论联系实际的原则，从而更加正确地分析和认识社会现象与社会问题。

社会考察的范围非常广泛，可以涉及政治、经济、文化、教育、科技等各个领域。在社会考察中，受教育者可以通过走访调查、实地观察、访问专家等方式来了解社会现象和问题的真实情况。通过这些实践活动，他们可以更好地掌握社会知识和分析方法，提高自己的思想认识和分析能力。

社会考察作为一种具有实践性和针对性的思想政治教育方式，可以帮助受教育者更好地了解和认识社会，更好地理解和应对社会问题和挑战。同时，它也可以促进受教育者的创新意识和实践能力的发展，培养他们的实践能力和分析思考能力。

　　总之，社会考察是一种重要的思想政治教育方式，它可以帮助受教育者更加深入地了解社会，提高他们的思想认识和分析能力，从而为社会建设和发展做出积极贡献。

　　因此，实践教育和思想政治教育是密不可分的。通过实践教育，大学生能够接受爱国主义教育、集体主义精神等方面的教育。高校应该将实践教育贯穿于思想政治教育中，使思想政治教育的形式更加多样化，从而更好地促进高校的思想政治教育工作的高效开展。

（三）当前高校开展大学生社会实践面临的困难与对策

1. 大学生在社会实践活动中存在的突出问题

（1）学生参与缺乏广泛性

作为必要的教学环节，社会实践教学应该面向所有学生。然而，大多数领导和教师将主要精力投入到院系指定的社会实践小组或某种类型的实践活动中，导致无法面向所有的学生。这进一步导致实践活动缺乏具体有效的引导和相应的措施。

（2）活动开展缺乏连续性

在一些高校中，社会实践教学并没有被视为必要的、经常性的教学环节。这主要是受到地点、资金等客观因素的影响，导致实践活动的开展时断时续，未形成稳定和一致的运行机制。目前，社会实践教学还未被真正列入完整的教学计划，因此在某种程度上具有随意性和随机性的特点。

（3）组织层面规范性不强

社会实践教学是一项涉及教师、学生、场所、经费和教学安排的复杂而细致的辅助活动，通常在校外进行，除此之外，它还涉及考核、培训等要素。如果社会实践活动受到各方面条件的限制，社会实践教学活动将难以做到全面展开和有效落实。所以，需要从组织层面上做到缜密、规范的安排与考量。

（4）活动结果缺乏实效性

通常情况下，社会实践活动是围绕具体教学内容与基本目标展开的，为此要对其进行切实的引导。现阶段，我们对如何明确针对性实践教学活动的主题、怎样选择适合自己的实践教学方式、如何在具体实践教学中完成每一个环节等，都不是很成熟。与此同时，对社会实践活动是否开展缺乏有效管理与评价。这些都严重制约了学生参与社会实践活动的积极性和主动性。对于社会实践中学生所认识到的，如若教师不及时辨析和解答，将对社会实践效果产生直接影响。

（5）在社会实践基地建设中仍有一些问题需要解决

有些企业单位只注重经济效益，而忽视了对大学生社会实践活动的积极支持；而在学校方面，缺乏与企事业单位建立良好的互助合作机制，导致一些社会实践活动受到实践基地不稳定的影响，难以高效、深入、持久地进行。

2. 积极探索开展社会实践的有效对策

社会实践在大学生思想政治教育工作中占有重要地位，从某种意义上来讲社会实践是他们成长、成才的一种有效方式。加强高校思想政治理论课教学改革中的实践环节具有重要意义。而实践性教学环节又是一个涉及广泛的系统工程，需要社会、学校党政领导高度重视以及各个部门通力协作。

（1）借助社会各个层面的力量，创造各种有利条件

第一，在开展社会实践活动的过程中，我们必须达成一致的认知。在高等教育中，社会实践作为不可或缺的有机组成部分，不仅是大学生思想政治教育的重要组成部分，更是培养高等教育专业素质的基本要求。从具体上来讲，我们要充分认识到社会实践对高校思想政治教育的积极作用，它不仅可以有效提升高校思想政治教育的教学效果，还可以在极大程度上提升大学生的思想政治水平，为此我们要全力贯彻党中央国务院颁发的《关于进一步加强和改进大学生思想政治教育的意见》，并将其融入我国高校思想政治社会实践活动之中。

第二，健全并建立社会实践活动发展运行机制。要建立健全组织领导机制、指导保障机制、经费投入保障机制等，为高校大学生参加社会实践提供强有力的政策支持与制度保证。应将社会实践作为一个系统统筹计划与教学大纲相结合，明确学时与学分，要加强对大学生的指导工作；也可尝试对大学生实行"义务服务制"，即要求学生在大学期间完成社会义务、服务一段时间等。这些措施对于推动大学生进行积极有效的社会实践具有重要作用。要建立督促社会实践活动得以正常进行的组织保障系统、提供经费支撑，从而为社会实践活动的继续进行提供依据。另外，一方面，要通过制定一系列制度措施来保障和规范社会实践活动

的顺利开展；另一方面，学校要积极加强与社会各界的联系，争取社会的支持与理解，在学校与社会之间建立联系点，并形成社会实践基地。同时也要注意发挥自身优势，加大对社区、农村、西部地区的社会实践指导力度，使之成为校内实习基地的有益补充。我们在进行基地建设过程中，要保证基地的稳定性，与此同时还要给予基地建设各个方面的支持，如人力、物力、财力。校地双方应建立畅通的工作机制，及时交流信息、策划项目、开展活动。既要通过各种途径加强对学生社会实践的指导和监督，使其更好地适应新时期发展需要，又要不断充实社会实践内容与形式，从而不断增强社会实践效果。

第三，确立科学规范的社会实践活动内容框架。为了遵循大学生教育发展规律，社会实践活动必须以分阶段、分层次的方式展开，从而达到覆盖更加广泛的内容。另一方面社会实践活动也要符合大学生成长成才的特点与规律，要探索并建立社会实践和专业学习、服务社会、创新创业三者相结合的社会实践内容。因此，对高校思想政治理论课教师来说，必须研究如何针对学生的需求设计有效的社会实践活动。社会是多姿多彩的，学生千差万别，社会实践活动在方式、内容上各不相同，它所具有的教育作用亦各不相同。应结合学生实际，进行具体活动，必须将社会实践活动和学生的成长成才相结合，着力探索并确立社会实践结合专业学习的模式，提高社会实践活动成效。

大学生思想政治教育工作在高校人才培养中具有十分重要的作用，我们可以毫不夸张地将其看作是高校人才培养的关键环节，也正是由于其重要性，高校思想政治教育工作自始至终受到我国政府的高度重视。大学生思想政治教育工作是一项关系到全局的重要任务，其价值和意义深远而广泛。当前阶段的大学生思想政治教育处于一个关键的时期，各个方面都存在一定的问题，如师资队伍建设、教育内容及形式创新等。切实解决上述问题，不但要体会社会实践活动的深层次内涵，还要洞察问题产生的原因，创新教育理念。

（2）构建立体交叉的思想政治教育体系

人们在谈论到思想政治教育工作的时候，往往习惯性地将其限定在高校之中，认为思想政治教育工作的是高校教育的责任，中学、小学与之没有太大的关系。但事实上，这样的思想是错误的，是偏颇的。

第一，家庭教育在大学生思想政治教育工作中不可缺少。家庭教育作为一种潜移默化的育人方式，具有无可替代的优势和独特地位。尽管在大学阶段家庭教育功能与作用的发挥没有中小学阶段明显，但对于人生观、世界观还没有完全形成的大学生来讲，家庭对其思想品质的形成依然具有重要的影响，如家庭氛围的陶冶、家庭经济状况等。心理学研究结果表明，家庭教育在个人身上的作用根深蒂固，甚至可以贯穿于他的一生。同时，家庭作为一种文化环境和社会组织机构，不仅为个体提供了良好的学习机会，而且还潜移默化地影响着他们的心理发展。大学生在进入大学校园之后，其自主意识得到全面的提升，虽然在大学阶段家庭教育影响力已经不如中小学时期，但是我们并不能忽视家庭教育对大学生的作用，尤其是在一些重要事件上，家庭对大学神的影响还是十分的明显的，如就业、婚姻等，另外在一些事情上，家庭对大学生甚至是起着决定性的作用。因此，高校思想政治教育要取得预期效果，必须重视并充分发挥家庭教育的作用。

第二，中小学阶段的思想政治教育对于大学生而言起着至关重要的作用，从某种意义上来讲，它为大学生思想政治教育的开展奠定了基础。通常情况下来讲，中学阶段对于一个学生的性格形成具有重要的意义，也是学生形成的关键时期，而在这个阶段，教师对学生思想观念的影响十分大。

第三，社会教育对大学生思想政治教育的实际意义尤为显著。通常情况下大学思想政治教育被看作是中小学思想政治教育的延伸与继续，它对大学生思想素质的提升具有十分重要的意义，但是在大学阶段，不能忽视社会环境对大学生思想的影响。随着经济全球化、信息科技的飞速发展，社会上充斥着各种各样的文化与思想，大学生在这样复杂的社会环境中，难免会受到影响，当然这种影响有消极的，也有积极的，这也为大学思想政治教育提供了更多的机遇。如果在大学阶段，我们将大学生的思想政治教育局限于校园课堂之中，而忽视社会教育，那么我们将失去许多的机会，这不利于大学生思想政治教育工作的开展。

在当前形势下，我们必须高度重视和加强大学生思想政治教育工作，要将其置于全社会的背景之下，积极构建一个纵横双向、立体交叉的大学生思想政治教育工作体系，以适应时代的发展需求。同时，还要注意处理好学校与家庭、学生个人之间以及高校自身内部各方面的关系。唯有以此为基础，方能激发高校学生思想政治工作的强大推动力和持久生命力。

3.努力打造高素质思想政治教育队伍

若要在高等学府内有效地实施大学生思想政治教育工作，必须建立一套纵横双向、立体交叉的教育体系，而教师队伍则是其中至关重要的一环。高校作为培养各类人才的场所，理应承担起自己的职责和任务，以实现教书育人、服务育人的目标。在高等学府中，我们所指的教师不仅仅是思想政治理论课教师（也被称为"两课"教师）、专职学生工作干部和班主任，而是全体教职员工，他们需要共同肩负起大学生思想政治教育的责任。从这个意义上说，高校思想政治教育工作者队伍建设问题，不仅是关系到整个高等教育事业能否持续健康发展的根本问题，而且还直接影响着学校育人功能的实现程度。但是从我国目前的实际情况来看，高校教师并未就此达成统一的共识，许多高校教师并未真正意识到自身应在高校思想政治教育工作中发挥的作用。

不管是思想政治理论课教师，还是专职学生工作干部或班主任，均担负着对大学生进行思想政治教育的历史使命，不能而且不应孤立和狭隘地看待自己的本职工作，要从国富民强、民族振兴这一政治高度，去认识、去了解自己从事的神圣事业，竭尽忠诚履行职责，这样才能让育人工作更有成效。

三、高校思想政治教育在大学生就业指导中的作用

随着高等教育体制改革的日益深入和办学规模的不断扩大，大学生就业问题已成为社会广泛关注的焦点。当前，大学生就业形势日益严峻，就业问题在无形中成为一种决定高校教育发展的关键因素。因此，加强对大学生择业观念和行为的研究，对于提高学生素质和就业率具有十分重大的意义。当前，大学生在就业过程中面临着双重挑战，一方面是缺乏就业机会，另一方面则是缺乏职业选择能力，这是大学生就业困难的重要原因之一。如何使大学生形成正确的就业观和择业观，是思想政治教育的一项重要内容。

（一）目前大学生在就业环境中所暴露的思想问题

1.部分毕业生思想状态低迷，对于"双向选择"缺乏机会和主动性

高校连年扩招与市场对人才吸纳能力有限之间的矛盾，使得很多大学毕业生就业时很难找到一份"合适"工作，尤其是所谓"冷门"毕业生，这种情况极大

地抑制了他们积极参与"双向选择"的意愿。有些同学由于缺乏正确的择业观念，没有树立良好的就业观和择业观，导致其就业时盲目攀比。

2. 大学生就业存在着一定的不稳定性

大学毕业生就业不稳定，主要体现在大学生自身对自己已经胜任的工作缺乏恒心。应届毕业生的就业成功率不高，很多应届毕业生在刚刚找到工作不久便辞职了；而且工资也不够高、待遇不到位，岗位也不够理想、专业不够对口，使大学生感觉前途渺茫，此外想要在大城市定居，也是毕业生刚刚就业不久便辞职的主要原因。当然，这个问题和一些用人单位及某些制度也有关。

3. 学校"发展性"就业指导欠缺

一直以来，我国高校就业指导工作多数都是止于学生择业阶段，属"问题性"导向。高等教育机构未能给予就业指导人员应有的支持，导致其工作的开展受到了限制。目前，我国的高校毕业生就业制度改革正在向纵深发展，但现行的就业指导体系仍不能适应新形势发展的要求。由于缺乏相应的管理机构和管理人员，从各级教育行政部门到高等学校，就业指导教师的资格认定和职称评定缺乏规范的标准，这一问题亟待解决。这也导致一些指导人员的工作积极性和主动性不能得到充分的调动。

4. 学校具体就业指导与现实脱节

在实践操作中，当前我国高校的就业指导服务项目比较单一，大部分还停留在传统的指导形式上，如政策咨询、组织招聘、工作派遣等。至于大学生的职业生涯规划与管理，则没有被纳入到相应的课程之中。虽然现在这些就业指导工作也对大学生的就业提供了一定的帮助，但是这种应急性安排与学生职业生涯预备与发展脱离开来，只注重就业之果，忽略了发展之根，进而出现本末倒置的现象。同时，由于目前毕业生数量巨大，用人单位对大学生素质要求不断提高，使得就业指导服务显得非常薄弱。另外，从某种意义上来讲，我们在开展大学生就业指导工作过程中，不管是哪个环节都需要大量的资金支持，如培训、组织教学研讨、开展社会调查等，但是根据当前高校对大学生就业指导方面的调查，我们可以看出许多学校对就业指导工作专项拨款远远满足不了他们的现实需求。

（二）高校思想政治教育对大学生就业的指导作用

针对当前高校学生在就业方面存在的问题，思想政治教育应以就业指导为新载体，同时将其作为高校思想政治教育的工作重点。思想政治教育应重视人文关怀与心理疏导，强调人性化要求。我们应抓住大学生在就业期间思想教育工作的新动向、新特点和新需要，把思想政治教育引向更深层次、更细致的发展方向，发挥好思想政治教育引导作用。

搞好大学生就业指导工作是一项十分复杂且系统的工程，学校各教育因素对大学生就业指导工作有着不同的功能，而思想政治教育在这一过程中扮演着极为重要的角色，它是开展大学生就业指导工作的核心与灵魂，其功能贯穿于整个工作过程之中，它的功能主要体现在如下几个方面：

1. 帮助大学生了解就业形势和就业政策

（1）帮助大学生深入了解当前就业形势和相关就业政策，从而更好地应对未来的就业挑战

要增强大学生对中国就业制度改革必要性和重要性的理解，引导他们了解就业制度的改革方向和步骤，了解国家当前的就业方针和政策，以调整就业期望并自觉地接受政策制约，实现政策范围内的就业；要指导学生了解和处理就业制度改革过程中遇到的各种新情况、新问题，并及时回答学生在就业形势理解上存在的疑惑与不解；要引导大学生初步学会用马克思主义立场、观点、方法去分析局势，正确理解就业局势的主流与支流、全局与局部、眼前利益与长远利益之间的相互关系，并在正确认识和理念的基础上做出正确就业选择。

正确的职业观念和就业观念可以引导大学生不断完善自身的知识和结构，培养出优秀的素质，以适应时代和社会的不断发展和需求；可以规范大学生的职业选择，帮助他们塑造高尚的求职和道德品质；可以推动大学生在错综复杂的社会环境中迅速转变角色，激发他们在各个职业领域展现出对工作的热爱和敬业精神。因此，要提高高等教育质量，必须重视对大学生进行人生观和价值观的教育引导。思想政治教育是引导大学生树立正确的职业选择和就业观念的根本途径。

（2）协助大学生树立正确的职业规划理念，以促进其职业发展

人们对于未来职业的向往和追求，体现在他们对于职业发展的理想选择上。大学生在接受思想政治教育的过程中，不仅能够明确自己的职业理想并不断奋斗，同时也能够深刻认识到个人理想与社会理想密不可分，因此要引导他们在追求崇高社会理想的过程中不断实现个人理想，协助他们从实际情况出发，调整就业预

期，为实现他们的理想创造必要的条件。

（3）有助于大学生形成正确职业价值观

马克思主义所倡导的职业价值观包含两个方面：一是个人在职业生涯中所承担的社会责任和作出的贡献，二是社会对个人的尊重和满足。通过思想政治教育，大学生可以领悟到，无论一个人的职位高低、能力大小、学历深浅、工作性质如何，只要持之以恒地努力工作，就能在为社会作出贡献的同时实现个人价值。

（4）有助于大学生确立正确择业目的

高校思想政治教育可以让大学生意识到不管他们身在哪里，他们都要心系祖国，为祖国、为人民服务，并在这个过程中实现其价值。

2.清除大学生就业过程中各种不良思想的侵蚀

我们的国家正在经历着一场剧烈的社会变革，新旧观念更新迭代。在旧思想尚未彻底破除、新的理念尚未充分确立的环境下，加之种种外来思潮冲击因素，大学生就业时极易受到种种不良思想的冲击与腐蚀。这些不良思想主要包括享乐主义、拜金主义、极端个人主义等。对于大学生而言，树立正确的就业观念、顺利成才，消除不良思想的影响是一项至关重要的教学任务。目前高校中存在着许多不健康、消极、落后的思想观念，如拜金主义、享乐主义、极端个人主义等，这些思想严重地干扰了大学生正常的学习与生活。通过进行思想政治教育，高校可以有效地预防和消除大学生受到不良思想侵蚀的风险。为了解决思想领域的问题，我们需要进行深入、细致、长期、耐心的思想政治教育，而不是简单地依靠强制命令。思想政治教育在学生思想上的积极影响主要体现在以下三个方面：

（1）思想政治教育有助于大学生摒弃陈旧的思想观念，对大学生更新观念、建立新型择业观和就业观有十分重要的意义。在高校毕业生求职过程中，他们往往存在着一些不符合社会发展要求的观念和行为，这就需要我们通过开展思想政治教育来使其将这些不好的观念与行为转变为有利于今后顺利择业的良好观念与行为。思想政治工作具有渗透性，这就决定了其能够将思想教育与就业指导相结合，能够采用多样化的形式，并运用多种载体来影响、纠正大学生的思想，引导大学生摒弃不适应就业形式的观念。

（2）思想政治教育可以积极地引导大学生，使其意识到拜金主义和享乐主义危害的严重性。要坚持将马克思主义集体价值观作为指导思想，妥善处理好个人利益与集体利益之间的关系。

（3）思想政治教育也可以引领大学生运用马克思主义立场、观点剖析问题。从而帮助大学生反抗种种不良思想的侵蚀。

3. 及时纠正当前大学生在求职择业时思想和行为上存在的偏差

在高等教育体制不断变革的今天，高等教育进入大众化时期，大学生就业压力增大。再加上在思想上存在着某些错误认识，这些不可避免地使其产生某些错误观念与行为。目前大学生在求职就业过程中思想与行为的主要偏差主要体现在以下几个方面：对于学生"就业难"问题有理解偏差；择业观念倾向功利化；大学生求职就业中的诚信缺失行为；部分大学生在求职择业时受社会不良风气影响较大，缺乏正确的职业生涯规划意识。这些偏差产生的原因是多方面的，既有社会环境方面的因素，又有高校管理与服务方面的因素，还有大学生自身素质方面的因素。思想政治教育具有独特的转化与调节功能，它能及时矫正大学生求职择业过程中存在的观念与行为偏差。

思想政治教育是通过给大学生注入新知识，来冲击或者改变他们原有的错误认识，让大学生全面正确地认识就业。

高校要通过反复教育，让大学生对接受的新知识有一个全面的认识，让他们最终将其内化为自身全新正确思想观念，如新型择业观。

这一新思想观念将促使大学生改正错误行为。大学生良好的思想道德是他们在社会实践中形成的一种比较稳定的道德观念，它能够指导其自身行动。比如，大学生具有诚信就业观念，将纠正其不诚实的就业行为，直到用正确的行为代替错误的行为。由于人的思想和行为具有反复性，对大学生不良思想与行为进行改造，还需不断重复。思想政治教育主要通过心理调适来矫正大学生就业不良心理，具有调节功能。高校应重视对学生开展心理辅导和咨询，帮助他们解决各种心理压力问题，提高其心理素质。思想政治工作可以将心理健康教育与之相结合，通过各种适当途径，例如心理咨询、毕业生心理调适等，引导毕业生带着良好心态投入到竞争中来，并在激烈的角逐中尽情地表现自我，从而顺利实现就业。

4. 培养大学生适应社会发展和就业需要的健康心理素质

所谓的心理素质主要指的是一个人的心理过程及个性心理这两个方面所表现

出来的基本特点与素质。换句话来讲，心理素质指的是一个人在思想与行为上所呈现出来的较为稳定的心理倾向。大学生作为国家未来发展的中坚力量，其心理素质的状况直接影响着我国社会主义现代化建设事业的成败，与此同时良好心理素质对大学生的就业也产生了十分重要的影响。

一是心理素质的高低决定着大学生是否能客观、正确认识自我，是否能适应社会对人才的要求、树立正确择业目标。二是就业难。大学生面对着严峻的就业形势，承受着巨大的心理压力，大学生就业时会面临种种困难与挫折。这些挫折和失败都将直接影响他们未来职业选择和职业生涯发展，从而给个人带来一定程度上的心理压力和损失。大学生是否能经受住种种考验，能不能果断地处理好各种冲突，能不能正确地对待在就业中遇到的挫折与失败，良好的心理素质起着举足轻重的作用。因此，高校应把培养学生的良好心理素质作为教育工作的一项重点内容来抓。三是良好心理素质对于大学生择业目标的实现，起到了推动与保障的作用。只有具有较好的心理素质，大学生才能保证正确的择业方向，才能积极地配合组织开展工作。四是大学生在求职择业结束之后将要走向工作岗位，角色、人际关系、环境等各个方面都会发生不同程度的改变，这就要求大学生必须要保持良好的心理素质，以适应职业与环境的改变。培养大学生健康的心理素质，是高校思想政治教育工作中的一项重要工作和内容。因此，加强和改进大学生的思想政治工作、提高他们的心理健康水平、增强其心理适应能力，就成为当前高校德育工作面临的一个新课题。思想政治教育可通过以下几个方面来培养大学生健康的心理素质，以满足社会发展与就业的需求。

（1）培养大学生找工作的信心

自信心对大学生成功择业具有重要意义，更是大学毕业生所要必备的心理素质。大学生只有具有足够的自信心，在找工作时才会做到态度坚决、举止从容，从而得到用人单位的赞赏与信赖；大学生拥有自信心，就能做出正确自我评价，能正确认识和估量周围环境及面临的困难，并使之达到最为积极的精神状态，用充分的耐受力来迎接挫折，战胜困难。思想政治教育可以掌握大学生在发展过程中的思想、心理的变化规律，并通过多种教育活动，培养大学生自信心。第一，新生入学后，要对其实施"热爱学校，热爱院系，热爱职业"的教育活动，培养并增强学生的学习兴趣与自信，激励学生刻苦学习，不断提升综合素质。优良的综合素质，是提高自信心的先决条件。第二，思想政治教育可以通过各种活动来进行，可以让学生通过活动锻炼能力，同时，还能使学生在活动参与过程中，意识到自己的价值所在，从而提升自信。第三，思想政治教育能够坚持实事求是的教学原则，正确地看待，评价每个学生，肯定并欣赏每个学生身上的优点与闪光点。除此之外，思想政治教育可以帮助大学生用唯物辩证法观点，对自己形成一个全面的、正确的认识，这不仅可以帮助学生正确地认识当前的社会就业形势，同时也可以使学生在求职的过程中不卑不亢，敢于面对就业道路中的各种困难。

（2）培养大学生锲而不舍，积极进取的精神

所谓有毅力、有进取心，就是在困难中前进，在艰难的处境中，持之以恒、毫不动摇，具备争取前进的心理态势，这是大学生就业与事业成功的保障。面对当前的市场经济发展态势，学生就业形势十分的严峻，大学生就业并不平坦，因此在就业的过程中将遭遇许多的失败与挫折。这些挫折往往会对大学生产生消极作用，使他们丧失信心和勇气。通常情况下择业受挫，极易挫伤大学生的满腔激情，使其陷入低谷，大学生如果不能克服这些不利因素，就难以发挥出自己的潜能。有些大学生会因此一蹶不振，怨天尤人，忘了最初定下的目标，丧失本该有的进取心。

思想政治教育可以通过各种途径，培养大学生锲而不舍的进取心。第一，可以通过教育，让大学生不断确定目标，建立与之相适应的认识、态度和感情，并衍生出相应的动作。如引导学生树立正确的世界观、人生观和价值观，帮助他们克服各种心理矛盾，消除心理障碍。第二，可以采取多种激励方法，启发、鼓励大学生积极进取，比如采用表扬批评的方法、奖励惩罚的方式，以鼓舞上进者、鞭策落后者。同时，还要注意对学生进行必要的心理健康指导，以提高其心理承受能力，增强他们战胜困难的勇气和信心。第三，可以通过举办社会实践活动，培养大学生顽强的意志品质；第四，可以加强心理训练，增强他们克服困难的信心。

（3）培养大学生积极适应周围环境的能力

主动适应能力，即个体主动地对环境进行调节，以适应生存需要，它包括自我调适、自我调节以及与外部环境相互作用等方面的内容。在市场经济的时代

背景下，大学生就业不可避免地要经过市场的甄别，同时还要接受市场上的各种竞争。社会是一个复杂多变的环境，对于初入社会的大学生而言，在面对这个既熟悉、又陌生的社会环境时，他们难免会出现不适应的现象，这也在一定程度上说明大学生适应环境的能力的提升是必不可少的，他们只有拥有强大的适应力，才能迅速融入社会之中，并在社会上谋取一席之地，成为符合社会需求的合格人才。

思想政治教育可在如下几方面对大学生适应能力进行培养：首先，它能培养大学生分析问题、作出正确评判的能力，使大学生面临新环境时，能以最快的速度掌握新要求，确定工作的新方向；其次，能指导大学生全面客观地评价自我，认识到自己在新环境中的不适表现，以及自己所拥有的空白和潜能，并以此为基础，形成积极的观念；再次，思想政治教育可采取说服、交流等方式，培养大学生顽强拼搏的精神，此外还可以提升大学生的自制力与竞争意识，加强自我调节；最后，可通过举办社会实践活动，让大学生认识社会并清楚地认识到社会所追求的人才，从而发展自身对适应社会发展有帮助的各方面素质与能力。

（4）培养大学生对挫折的良好承受能力

大学生找工作时，挫折在所难免，问题的关键在于怎么看。挫折既有消极的一面也有积极的一面，若能以积极的心态、变通的方式来面对挫折，视挫折为磨砺成长的磨刀石，便可以得到很好的挫折适应能力，并激发自身的潜力，这样就可以轻松地克服失败了。否则，将失去自信，让挫折变成了成功的绊脚石。大学生只有具备了较强的耐挫能力才能顺利地渡过择业关，实现人生价值。因此，较好的挫折承受能力对大学生能否顺利就业具有重要的影响。

思想政治教育在培养大学生承受挫折的良好能力方面发挥着积极作用。一是思想政治教育是通过理想教育以及世界观、人生观、价值观的教育，让大学生确立崇高理想，树立革命乐观主义精神。二是思想政治教育能提高大学生挫折认知水平。通过对我国国情、就业形势的教育，高校可以使大学生清楚地认识到就业过程中受挫的必然性，让他们充分认识到就业压力大、难度大等问题，从而做好心理准备工作。三是思想政治教育以培养大学生优良个性特征为手段，增强大学生挫折承受能力。思想政治教育可以为大学生意志品质的磨练与教育创造条件，并通过模范教育活动，培养他们积极进取、乐观向上的精神，提升大学生对环境变化有适应能力。四是思想政治教育可以为受挫学生提供心理疏导，指导学生以适度自我宣泄、自我慰藉，调整择业时的不良心态，并通过理性思维，塑造积极择业心态。

第二节　高校思想政治教育面临的新形势

一、我国高校思想政治教育面临的国际新形势

一方面，经济全球化发展使得世界各国在政治上、经济与文化得以深度沟通，使世界成为一个可以相互联系、相互影响的总体。但东方国家与西方国家之间仍有差异性，不论从意识形态上，还是物质上，均反映了某些不同。

另一方面，随着科学技术的高速发展，文化的传播速度也随之提升，各种文化内容可谓是瞬息万变。新兴网络媒体和自媒体，也使得文化传播有了更多、更方便的传播途径。技术的发展使世界各国的关系变得更为密切，文化的开放，必然会使西方文化与价值观大量涌入我们国家，与本国传统文化、价值观发生剧烈撞击，进而对大学生价值观形成直接、或间接的影响。由于我国正处于社会转型期，各种思想文化相互激荡，加上网络技术的飞速发展以及人们自身观念的转变，当代大学生的价值取向呈现出多元化趋势，这就为他们选择国外文化提供了更多的可能性。同时由于受外来文化的冲击，他们的人生观、世界观等方面也会出现不同程度上的变化。外国文化已经影响到学生们生活中的各个方面，它对大学生思想意识、行为等方面所造成的影响是不可低估的，这也导致大学生思想政治教育的难度加大。

二、思想政治教育面临的国内新形势

在改革开放四十多年的时间里，中国社会日新月异，同时也面临着巨大的挑战。在一心一意谋发展的过程中，社会需要有一种价值体系或者思想精神来鼓舞伟大的中国人民继续努力、艰苦奋斗。

（一）市场经济体制带来的挑战

大学生思想政治教育在某种程度上讲就是和一定经济基础相协调的意识形态层面的教育。随着市场经济改革的深入，高校之间竞争激烈，这就要求我们必须要加大对大学生思想政治教育的力度。近些年来，我国经济水平持续提高，社会经济体制有了巨大的改变，意识形态有了极大的改变。在这样的背景下，传统的价值观受到了极大的挑战，人们的思想观念和价值取向都出现了不同程度的改变。这一价值观念的撞击给大学生带来了很大影响，大学生一般不注重思想道德素质的提升，而是将大部分的注意力放在了知识和技能的提升上，在这样的情况下，他们学习的积极性难以提高。因此，在新形势下如何开展好大学生思想政治教育，提高大学生的综合素质和能力显得尤为重要，这也是高校思想政治教育工作所面临的难题。

（二）科技发展变化带来的挑战

在社会经济日益发展的背景下，信息技术迅速发展了起来，给人们生活带来了更大方便。在新时代下，人们对信息的需求越来越大，这就要求我们必须提高信息传输速度与质量。随之产生了海量的信息传递，而网络的蓬勃发展使得信息传递更快捷、更广泛。在这样的背景下，大学生思想政治教育得到了更好的技术支持，知识的获得变得更加快捷。但与此同时，巨大的信息量也容易使辨别是非能力较低的学生误入歧途，因此，提高大学生思想政治素养势在必行。

（三）国家教育方针带来的挑战

我国的教育理念已经开始注重培养学生的综合素质，这一转变对于大学生的思想政治教育产生了双重影响。一方面，这为高校思想政治教育提出了新要求，促使高校学生思想政治工作朝着科学化方向发展。它为高等教育中的思想政治教育提供了更为广阔的发展空间和更为全面的素质教育方法，从而推动了高校思想政治教育教学水平的提升。另一方面，这也使高校在开展思想政治教育工作时面临许多问题，阻碍了高校思想政治工作质量的提高。高校需要不断提高自身的教学水平，以适应日益多元化的教育背景和目标。这对高校思想政治教育来说增大了一定的工作难度，提出了较大的挑战。

（四）教育工作体系问题带来的挑战

在高校思想政治教育的实施过程中，教育工作体系问题对提升教育效果提出了一定的挑战。高校在开展思想政治教育工作的过程中，需要面临很多方面的问题，如学校和教师在教学思想上的认识及教学素质等方面的问题，而这也正是目前我国高校教育工作的薄弱之处，这给我国高校思想政治教育造成了一定程度上的阻碍。随着社会的发展与进步，高校思政教育工作面临着巨大的挑战。高校应关注这类日常教育中的挑战，变挑战为机遇，主动逆转困境以促进大学生学习效果的提高。

第三节　高校思想政治教育现状

一、高校和大学生对思想政治教育的重要性认识不足

《中共中央国务院关于进一步加强和改进大学生思想政治教育的意见》指出："要高度重视大学生生活社区、学生公寓、网络虚拟群体等新型大学生组织的思想政治教育工作"。[①] 为了贯彻该文件精神，各地教育部门制定了相关实施办法。但作为"主渠道、主阵地、主课堂"的大学生思想政治教育却仍然存在一些认识上的误区。

而目前社会背景下，思想政治教育工作对大学生的思想政治教育的认识的关注不够，研究不足，尚缺乏有效的引导。

（一）高校没有实现思想政治教育在高校工作中的主体地位

1.部分教育者自身没有意识到思想政治素质的重要性

作为社会主义国家，我国始终坚持马克思主义理论为指导思想，党和国家领导始终重视提高人民群众的思想政治素质。而作为"主渠道、主阵地、主课堂"的高校思想政治教育却仍然存在一些认识上的误区。很多高校教师并没有充分认

---

① 中国政府网 . 中共中央 国务院印发《关于加强和改进新形势下高校思想政治工作的意见》[EB/OL] . （2017-02-27）[2022-09-22]. http://www.gov.cn/zhengce/2017-02/27/content_5182502.htm?from=groupmessage&isappinstalled=0.

识到进行高校思想政治教育工作的重要性，没有认识到提升高校思想政治素质的重要性，进而产生"一手硬，一手软"的矛盾。

高校的思想政治教育工作可以用"说起来重要，干起来次要，忙起来不要"来概括。"德育为先"是党和政府一直强调的，它经常出现在各种文件中，高校也确实通过文件的形式进行学习，但是在实际工作过程中却不能够实现学以致用。

2.部分教育者质疑思想政治教育的地位

在社会主义建设过程中，思想政治教育具有很重要的作用，它是毛泽东思想的重要组成部分。部分高校的教育者没能充分理解党相关思想政治教育理论的发展过程和重要地位，对进行思想政治工作并不抱有信心和激情，反而认为在市场经济背景下，思想政治教育工作会呈现逐渐衰落的趋势，他们对其在高校教学过程占有的位置产生疑惑。

3.部分教育者仅仅照本宣科地讲授思想政治，不重视思想政治教育的科学性、职业性

改革开放以后，我国高校才将思想政治教育设立为专门的学科，其历史较短，在该学科的开展过程中出现的专业性问题一直没有得到统一结论。思想政治教育属于社会科学的范畴，其研究对象和涉及的领域都存在较多争论。

与世界上的发达国家相比，我国在社会科学建设方面仍处于落后阶段，思想政治教育这门新兴的学科更是缺少科学技术的支持，同样也缺少社会科学在该方面的研究成果，其发展过程势必会极为曲折。高校思想政治教育具有一定的特殊性，其表现形式也呈多样化，最终产生的效果也是无形的，人们无法科学地评价其教学，这也使得部分教育者不重视思想政治教育工作。

（二）高校教师对思想政治教育的理论研究不足

作为一个改革开放以来新兴的专业和学科体系，思想政治教育专业和学科建设长期以来没有找到科学性基础上的专业和学科定位，相反却有其他学科的"大杂烩"之嫌。换言之，就是并没有基于思想政治教育工作的规律，也无法找到融合相关学科理论和研究方法的内在逻辑。

由此造成的结果是，从事思想政治教育专业和学科建设的一些学者和高级研究人员，既没有本专业和学科特色的研究深度，又不能扎实、深入地进行相关学

科的学习和研究。甚至少数所谓思想政治教育专业和学科建设的工作者所做的很多研究，也不过是对一些国家方针政策和马克思主义基本原理的简单重复或空洞说教，不接地气，缺乏说服力，这严重影响了高校思想政治教育工作的公信度。还有一些学者和高级研究人员，看似从事的是思想政治教育研究，实际上只是专业性的马克思主义理论研究或其他相关学科的理论研究，很难对实际上的思想政治教育工作发挥指导作用，甚至不能为其提供必要的理论支撑。

（三）大学生对思想政治教育的重要性认识存在误区

受教育者是思想政治教育的客体，是教育者灌输思想政治理论的对象。这个对象有其特殊性，他是人，是有主观能动性的人，他在教育过程中就不应该是单纯地被动接受知识、单纯地被灌输知识，而应该是与教育者之间平等地对话，让思想政治教育的内容内化于受教育者的心中。然而，在现在的思想政治教育中，受教育者的作用十分有限，极易被忽视。主要表现在如下几个方面：

1. 部分受教育者的学习态度不够端正

部分大学生对政治漠不关心，这些问题的产生原因十分复杂，需要受到重视。对于高校的思想政治教育，一些学生认为虽然有意义、很重要，但远远比不上学习成绩，甚至参加学校活动的重要性，似乎离他们的现实要求尚远；随着网络的普及，还有学生受到网络功利化倾向的影响，认为思想政治教育是没必要的，认为思想政治教育就是钳制人的思想工具。产生这种情况的原因有：其一，单调的教育方式和单灌输式教育方法，造成了学生的消极情绪，这种教育方法忽视了大学生的主观能动性，压抑了大学生的主观能动性和创造性，打击了他们的学习热情；其二，教育面对的是大学生群体，但这一群体又有着不同的兴趣爱好、不同的个性特点、不同的思维方式，而教育者所采取的"一刀切"的教育方式无疑使得受教育者对思想政治教育无丝毫兴趣；其三，在高校中充斥着"思想政治教育无用论"。部分高校的思想政治教育课程处于停滞状态，大学生普遍重视自己专业课的学习而看轻思想政治教育，这种思想反映在学习中自然使得思想政治的地位愈加降低。

2. 受教育者存在的思想问题

一方面，当前青年大学生群体中仍存在着错误、消极的价值取向。个人主义、享乐主义等价值取向在青年大学生中有很大市场。一些青年大学生受不良社会风气影响,在学习生活中"利"字当先;还有的青年大学生不思进取,贪图享乐;更有一些青年大学生把个人发展进步同国家民族整体命运分割开来,甚至二者截然相反。部分大学生无法正确地看待社会生活当中某些问题的存在,也无法正视自己的失败、挫折,从而产生了很多的消极思想。部分大学生无法从历史的角度审视国家民族发展与进步,也无法客观地认识到完成民族复兴这一使命的难度,对国家民族的发展与进步缺少贡献自己力量的坚定与责任感。

另一方面,一些大学生轻视甚至抵触接受马克思主义理论教育和思想政治教育。有的大学生质疑甚至否定马克思主义理论的科学性,对坚持马克思主义世界观、方法论对自身学习生活的根本指导作用不以为然。更值得注意的是,一些大学生缺乏中国特色社会主义的理论自信、道路自信、制度自信和文化自信。

二、高校思想政治教育存在简单化、机械化的问题

在高校大学生思想政治教育中,由于受教者主体地位的丧失,人文关怀教育直接失去了施教的根本;受教者缺乏自我需要,使得思想政治教育工作丧失人文关怀回应机制;受教者缺乏亲临接触,思想政治教育工作丧失人文关怀场景支持。大学生思想政治教育工作中的人文关怀是高校落实科学发展观以人为本的体现,是发挥思想政治教育立德树人功能的必然,是大学教育更加开放与多元的要求。对此,高校要突出对大学生思想政治教育的人文关怀,也应重视对学生独立人格的塑造,以适应学生不同水平的要求,将人文关怀渗透大学教育始终,不断提升思想政治教育人文关怀实效。

在高校思想政治教育的过程中,由于缺乏人文关怀,取而代之的是机械的、简单的教育方式,思想政治教育的实效性并不能令人满意。这样使得教育不当造成的高校思想政治教育的"后天不足"的问题比较严重,致使部分学生在理想信念、道德素质、思想观念、法治信念、心理健康等方面存在不同程度的问题。要想促进大学生思想政治教育改善,高校当前首先要做的就是"推陈出新",不失时机地进行思想政治教育模式的改革,坚持以人为本,注重人文情怀,关心大学生的个体成长,尊重大学生的主体性发展和个性发展。

高校思想政治教育工作关乎民族兴旺发达,关乎青年一代理想信念,关乎社

会繁荣稳定。在新媒体技术不断进步和迅速普及的当今社会，作为人类心灵工程师的高校教育工作者，更是责无旁贷，定当以国家兴旺发达为己任，以大学生的身心健康成长为己任，扬长避短，再接再厉，积极奉献，让美好的心灵绽放出绚丽多彩的理想之花。

三、高校思想政治教育实际教学中重理论轻实践

（一）教学内容局限在思想政治理论课中

高校所承担的思想政治教育主要体现在所开设的思想政治理论课当中，按照《中共中央宣传部教育部关于进一步加强和改进高等学校思想政治理论课的意见》（以下简称《意见》）的实施方案，高校应开设 4 门思想政治理论必修课。

思想政治理论课四门课程分别承担着马克思主义理论教育的不同内容和任务，在正确教育引导学生成长成才中不同课程具有不同的侧重点。《意见》中规定全国所有高校不分本、专科都要使用高等教育出版社出版的教材，这套教材的科学性系统性、理论性较强，能宏观引导我国思想政治教育的内容和方向。在具体实施过程中，高校要针对各学校办学实际、学生思想实际和地方实际选择、调整和更新教学内容，用以增强教学的实效性。而在具体实施过程中很多思政教师照本宣科，没有将国家的人才培养目标和本校的人才培养目标有效结合，仅注重理论的讲授而忽略了能力的培养。

（二）思想政治理论课以课堂教学为主

思想政治理论课仍是以课堂教学为主，虽然改变了过去使用的"填鸭式"教学方法，突出了学生的主体地位，但在实际教学中很多教师习惯使用灌输说教的方式，力求达到预期的教学目标，使得思想政治理论课教学仅仅是从理论到理论、从书本到书本，缺乏对实践的指导。他们只是让学生从书本中学习理论知识，而没有让学生从做中学，从实践中学习体会理论知识的精髓所在，这必然使思想政治理论课教学丧失说服力，从而致使很多学生对于知识的把握流于表面，不能付诸实践。思想政治理论课是一门"知行合一"的课程，除了对于知识和理论的把握，更重要的就是大学生实践能力的培养。还有很多学生对于老师的这种喋喋不休的说教方式产生了逆反心理，感觉到了厌烦和抗拒，此时的说教不但没有起到

教育的作用，甚至把学生推到网络世界中寻找心中的答案。面对当前大学生出现的新情况、新问题、新挑战，高校要做好学生的思想政治工作必须要深入研究大学生的思想状况，加强和改进思想政治工作的方式方法。

（三）在教学环节上重视理论教学轻视实践教学

怎样做到"走出去"，引导大学生走出校园，走向社会，让其在实践的大课堂上认清国情、民意，正确掌握社会现象、社会发展之实质与主流，促进社会实践活动和专业学习的有机结合，结合服务社会、结合创新创业实践，建立管理体制；如何实现"请进来"，从校外聘请专家、学者、企业管理人员和生产一线的工作人员，让他们进入校园，结合学生的专业和企业社会发展趋势进行专业教学或专题讲座，是一个复杂但值得探索的问题。

四、高校思想政治教育的管理制度与队伍建设落后

（一）高校思想政治教育的管理与制度建设落后

所谓学校管理，就是学校管理者运用相应的方法与措施，指引师生员工充分利用学校内部及外部资源与条件，从整体上优化学校的教育，切实达到学校工作目标而组织起来的活动。高校中存在着许多矛盾冲突和问题，其中一个重要方面就是学生之间的心理差异，这也是大学生群体出现各种不健康行为的根本原因。学校管理，作为和思想政治教育互为补充的教育手段，对于大学生进行思想政治教育是一种重要方式。在现代大学中，高校的各项规章制度对于学生来说具有重要作用，而这些规章制度是否能够落实到实处则关系着高校学生管理工作的成效。没有切合实际的管理制度，大学生的思想政治教育工作将显得羸弱乏力。

现阶段，高校对学生进行思想政治教育管理的部门设置比较简单，主要依托学生处、团委来完成。相比人员众多的专业教育人员，思想政治教育管理者人员十分匮乏，所以在处理一系列学生问题时就显得捉襟见肘。在此背景下，高校思想政治教育者，只能把本该十分人性化的学生工作，作为一种机械的"消防工作"来对待，把角色定位于"消防员"，而整个教育过程就变成了单纯的"救火"和维稳，这样很难实现思想政治教育的人性化和个性化，很难做到从学生实际情况出发，将思想政治教育做得更有实效性。

另外，高校思想政治教育也需要良性的制度来规范。现阶段，高校还没能根据自己的实际情况和学生构建制度，只对政府部门的制度规范出相关的制度进行生搬硬套，相关规定并不是基于学生的未来全面发展而考虑，而是基于更好地方便管理者的管理而制定，制度的内容更多的手段是处罚，显得过于机械和单调。总之，制度和管理的缺位，导致高校没有真正形成提高学生思想政治教育的合力。

（二）思想政治教育的队伍建设有待加强

思想政治教育学科具有强烈的阶级性、实践性和科学性，这些特点都对教育者的自身素质提出了更高的要求，要求其不仅要具有专业的学科素质，还要具有良好的政治素质、思想素质和道德素质。开展高校思想政治的教育者包括兼职教师和专职教师，他们的素质水平各有不同，主要体现在如下几点：

（1）兼职教师没有受过专门的训练，但是在教师队伍中占有较大比重。

（2）大多数专职教师也不是专门学习思想政治教育的，多是其他专业的教师。

（3）思想政治教育的学科建设还并不完善，教育者的水平良莠不齐，缺乏高学历的专业人才。

（4）教育者的政治素养和道德素养难以达到较高的水平。考虑到思想政治教育学科的特殊性，思想政治教育需要教育者言传身教，因此对教育者提出的要求较高，不过部分教师并没有提升自我的有效途径。

五、高校思想政治教育方法、内容、载体存在问题

增强思想政治教育的效果不仅可以通过学科建设来实现，还可以通过利用更好的教育媒介、改进教学方法、改善教学内容等方面来实现。要想通过教育媒介的改善来增强思想政治教育的效果，就要对它进行改造，可以从以下方面入手：

（一）教学方法单一，教育成果评判标准死板

思想政治教育的课堂教学方法单一，传统的教学方法采取老师全堂讲授知识，灌输间接经验的方法，即讲授法。老师讲，学生听，基本上没有互动。教学照本宣科，没有将理论与实际相结合，很难帮助学生树立正确的人生观、价值观、世界观，更加难以解决学生在实际生活中遇到的实际问题。这就导致受教育者的厌烦情绪

与日俱增，想要进行教育改革更是难上加难。老师希望进行互动性质的教学，但是学生已经习惯被动接受，缺乏课堂上与老师互动的能力，甚至在课堂上不敢主动举手回答问题。这就造成在进行课堂互动时，没有一个学生回答问题，每个同学都害怕被叫起来，教师陷入尴尬的境地，受教育者和教育者之间没有任何默契，无法互动。而组织学生讨论，又受到课程时间限制，而且学生人数太多，教师无法掌握小组讨论的进程，也就无法控制课程进度，最终导致讨论不能取得预期效果。专题讲座往往与教材内容不匹配，教师难以操作，压力更大。而其他的教学方法，如演示法等又缺少相应的资源，思想政治课的老师资源更加稀少，这就导致教师和学生都发现传统的教学方法存在巨大的问题，但是又不知道如何改进。大学生思想政治教育主要在于课堂教学，社会实践方面很少涉及，课外活动名存实亡。高校设置的实践教育环节很少，教育者不能组织受教育者深入社会进行社会实践，使理论与实践相结合，教育内容很难深入到受教育者的心中。"寓教育于活动之中"是思想政治教育的优良传统。然而，高校却忽视了社会实践活动的重要性，举办的活动有些流于形式，设立的目标很高但最后的效果却很差；活动形式多年如一、过程僵化；受教育者参加活动仅仅把参与活动当作必须完成的一项任务。

目前高校对思想政治教育课程的成果检验大多通过闭卷考试，以考试成绩作为评判标准，教学评价标准单一，且这种考试的范围只能是概念和课本上的知识点，不能反映大学生的思想政治水平。这种评价方式一方面使得教师由于教学评估的压力，教课时只讲授考试内容，考试评分时让学生高分通过；另一方面使学生平时上课时完全不听，临近考试时只背背老师勾画的知识点，等到考试结束所有知识全部忘记。这样一来大学生的真实水平难以通过一张试卷来反映，于是很多大学生对这种评价方式产生怀疑。以考试方式进行思想政治教育评价，很大程度上限制了思想政治课程的开展。

（二）内容缺乏针对性，更新速度落后于时代发展

在传统大学生思想政治教育中，由于教育对象的思想动态与新媒体时代具有显著的同步性，教育内容的单一性已经完全不适应当代大学生追求自由与多样的时代需要。此外，面对虚拟空间中层出不穷的大学生新的心理问题，传统思想政治教育只是简单地搬用以往的教育内容和教育方式，并未能设计出更有针对性的新举措。由于当代的大学生是生活在新媒体时代这个大社会环境之中的，其所受

到的教育自然要针对现实环境、顺应时代的需要，从而使学生具有明辨是非的能力，进而具备能适应现实社会的能力。而事实上由于种种原因，目前大学生思想政治教育的现状却并非如此。其主要原因可归结为传统思想政治教育在内容方面缺乏针对性，作为当代的思想政治教育者，思想政治教师理应在思想理念及教育水平两方面做到与时俱进，根据新媒体时代大学生新出现的思想状况及时调整教育内容，以提升教育的针对性和实效性。

高校思想政治教育内容更新太慢，落后于时代发展。一方面，市场经济体制的深入发展使得中国特色社会主义建设出现了许多新情况，在发展过程中也遇到了许多新问题，而本应与其共同更新的思想政治教育内容却没有反映这些新内容。现如今的思想政治教育内容很少能够反映市场经济新发展的内容，缺少自立、自强、创新、平等、开放等精神的传扬。经济的快速发展也导致了许多社会问题，这些新出现的问题引发了受教育者对社会主义建设的多种思考，包括相对于资本主义而言，社会主义存在的优势以及我国现在的社会风气和党的风气等。如果大学生思想政治教育回避这些问题或者仅仅是简单地停留在表层分析上，结果只能是让大学生对思想政治教育愈加失望，降低思想政治教育的效果。事实上，当前的思想政治教育更多的还是理论学习，针对社会现实的问题还是很少；另一方面，受教育者在大学生活中会遇到各种问题，如恋爱问题、人际关系问题等，他们会受到各种压力，如学习压力、就业压力等的影响，这些问题也没有被思想政治教育所吸纳。这些内容看似简单其实特别重要，如果处理不当就会造成严重的后果。尽管这些问题能够引起高校的重视，但这些问题在思想政治教育中所占的比重仍旧很小，不足以支撑教育者寻求到解决办法。

第四节　高校思想政治教育的发展方向

一、贯彻新时代中国特色社会主义思想

党的十八大召开后，以习近平同志为核心的党中央，科学把握当今世界和当代中国发展大势，提出了一系列新理念、新思想、新战略，提出了一系列重要的方针政策，出台了多项重要措施，推动了多项重要工作的开展，破解了很多长期

以来想要破解却又悬而未决的问题，做了很多以前想做却没做成的大事情，促进了党和国家事业的历史性转变。

以习近平新时代中国特色社会主义思想武装头脑成了水到渠成的新问题。我们可以将当代年轻的大学生比作是时代的晴雨表，是时代最为敏感的神经系统之一。他们的成长发展直接关系到祖国未来的命运与前途。当我们的青春与新时代相遇时，我们必须承担起新时代赋予的责任和使命。为此，他们要肩负起建设富强民主文明和谐美丽的现代化强国的历史使命，必须以饱满的热情迎接新时代带来的新机遇和挑战。以习近平新时代中国特色社会主义思想武装大学生，不仅是新时代的召唤，更是高校思政课教师肩负的历史责任和使命担当，是实现中华民族伟大复兴的中国梦的关键所在，因为只有培养中国特色社会主义事业的建设者和接班人，才能真正实现中国梦。因此，我们必须从战略层面上深刻把握、加强和改进新形势下高等学校学生工作的重大意义。以习近平新时代中国特色社会主义思想为指导对大学生进行思想武装，是推动中国特色社会主义建设和接班人培养的基础性工程。只有这样做才能让广大学生坚定理想信念、树立远大抱负、锤炼优良品质，成为德才兼备的高素质人才。将习近平新时代中国特色社会主义思想贯穿于大学生的思想武装中，使其具备成为中国特色社会主义事业建设者、接班人和实现中华民族伟大复兴中国梦的生力军的政治站位，这是十分有必要的，其首要之务在于持续不断地推进中国特色社会主义大学的建设，明确高校思政工作的定位，充分展现中国社会主义高校的鲜明特色和亮丽底蕴，让"学起来，教起来，传起来，研起来，干起来，实起来"的要求得到切实落实。此外，要抓住新的要求。要深入推进全面从严治党向基层延伸，切实将思想政治理论课摆在学校一切工作的首位，不断增强思政课的吸引力和感染力。高校要深刻领会"用习近平新时代中国特色社会主义思想武装大学生"对思政课教学的新要求，自觉将思政课教学融入高校立德树人的核心环节，融入党和国家发展大局，承担教育强国战略的历史责任和使命，以精准学习习近平新时代中国特色社会主义思想的科学内涵、精神实质为引领，紧密结合思政课教学改革要求，进一步推动思政课教学的改革、发展和创新。高校还要重信仰，讲理想。要坚持正确导向、加强理论研究、丰富教学内容、改进教学方法，引导学生坚定共产主义远大理想，要致力于构建一支信仰坚定、道德高尚、学识渊博、怀有仁爱之心的"四有"教师队伍，以确保有信仰的人能够说出自己的信仰、有理想的人能够说出自己的理想。

二、符合全球化的发展趋势

中国特色社会主义市场经济改革与发展不断深入推进，加速了中国社会变迁，使得竞争观念、平等观念、自由观念、民主观念等进一步深入人心。以互联网和移动技术为先锋的新科技革命快速发展以及互联网的广泛应用使得人们能够自由地获取信息与交流。这些给大学生思想政治教育构建了新的环境、创造了新的条件、提供了新的机遇。全球化带来的机遇在全球化进程中，资本、技术、人才等各类要素在全球范围内流动，促进了经济、政治、文化的深入交流。大学生以各种形式与途径参与全球化，加深了对世界其他国家发展现状的直观认识，开阔了大学生的国际视野。国与国之间经济、文化、科技交流与学习，使得大学生有机会、有条件对比中西发展道路、理论、制度、文化，有机会了解各自的发展优劣，这有利于增强大学生对中国特色社会主义的道路自信、理论自信、制度自信、文化自信。

全球化有利于增强中国特色社会主义道路自信。当前，中国经济总量稳居全球第二，综合国力大幅度提升，对比西方国家近年来的发展状况、经济发展与社会治理所面临的各种困境，中国经济快速发展所取得的成果，能够增强大学生对中国特色社会主义道路的自信。可以说，40 余年来，中国走了一条与西方不同但更成功的现代化道路，并取得了巨大成就。改革开放以来，我国通过实施对外开放政策、坚持走和平崛起之路等举措，实现了经济社会快速转型和跨越式发展，成为世界第二大经济体。这一路径的成功实践开创了多元化发展路径时代，也是人类社会发展规律研究的全新探索，它给全世界尤其是绝大多数发展中国家都提供了可资参照的发展路径。历史与实践雄辩证明：西方现代化道路并不是放之四海而皆准的，中国特色社会主义道路是符合中国国情、可引导中国人民奔向繁荣富强、可增进人民幸福的道路，是解决人类共同面临困境的"中国方案"。无疑，中国的崛起使得大学生更加坚信中国特色社会主义道路的正确性。

全球化有利于增强中国特色社会主义理论自信。经济全球化使得现代化中西方理论能够放在一起充分比较，以此发现优劣之处。大学生认识到自由主义、民主主义这些曾经被作为探索中国发展道路的西方理论方案行不通，通过对比 40 多年来中国改革开放取得的成果，以及对比世界其他发展中国家发展的现状，大学生可以认识到中国特色社会主义理论体系指导中国人民改革开放，具有科学性、大众性和开放性，能为当代中国指出正确的发展道路和方向，使得中华民族伟大复兴具备光明前景。特别是党的十八大以来，习近平总书记从时代发展与战略全局出发，就改革发展稳定、内政外交国防、治党治国治军发表系列重要讲话，形成了一系列治国理政新理念新思想新策略，对党和国家发展中的重大理论与现实问题作出了深入解答，增强了理论自信。高校是培育和践行社会主义核心价值观的重要阵地，也是培养青年学生坚定理想信念的主渠道。这些都增强了大学生建设有中国特色社会主义的理论信心。

全球化有助于坚定中国特色社会主义的制度自信。中西不同国别的交流，为大学生开展制度比较研究提供了机会。通过对不同国家社会制度进行对比，大学生会承认建设有中国特色社会主义制度，是一种历史选择和人民选择，是中国共产党领导中国革命、建设和改革的经验智慧结晶，是当代中国立足国情、继承传统、人民至上、包容互鉴、求同存异的最新成果。大学生认识到西方的自由民主制度虽然曾推动了历史的发展，但也充满弊端。近年来，部分发展中国家复制"西方的自由民主制度"都在不同程度上以失败告终，从某种意义上来讲西方传统工业化道路对全球生态环境造成了严重的影响，加剧了全球生态环境问题，这些问题在一定程度上体现了"西方的自由民主制度"的不足。中国特色社会主义制度在实践中经受考验而表现出了极大的优越性，久而久之，其特有的世界性价值正在赢得越来越多人的认同。显然，全球化提供了便利的条件，使得学生能够进行比较研究，能够发现和认识到中国特色社会主义制度的科学性、优越性、先进性。

全球化有利于增强中国特色社会主义文化自信。全球化促进了我国文化繁荣发展，丰富了人民群众文化生活，加快了我国文化对外传播。中西文化交流愈加频繁，各类书籍、期刊、报纸愈加丰富，尤其是在互联网快速发展的条件下，大学生通过电脑、手机等电子设备得以充分了解西方文化。

通过研究比较，我们可以了解中国特色社会主义文化既有对中华优秀传统文化精华的继承，也有对西方先进文化营养的汲取，更有对中国共产党领导集体所创造的革命文化、社会主义先进文化的继承与弘扬，同时也能充分认识到中国的历史文化传统及国情的独特性，中国文化发展必须走独立自主道路，不能照搬照抄西方自由民主文化，探索中国社会发展不可能脱离特定的历史条件和文化传统。全球化给中国文化对外传播提供了条件和平台，提高了中国文化对外影响力，彰显了中国文化价值。随着全球化推进，文化多样化深入发展，大学生对中国文化在世界范围内的影响力有了全新的认识，从而增强了中国特色社会主义文化自信。

三、符合科技革命的发展背景

信息技术的广泛应用标志着新科技革命的到来，数字化、网络化、信息化已成为社会经济发展的普遍趋势，尤其是在移动互联网用户方面，我国互联网用户的发展呈现迅猛态势。

新科技革命使获得信息、接受教育、传播文化更加便捷，大学生使用互联网了解、参与政治，思想政治教育工作者借助科技手段开展工作，新科技革命为思想政治教育提供了前所未有的发展优势和机遇，从空间和载体上对其进行拓展，给思想政治教育带来深远的影响。科技成果的广泛使用创新了思想政治教育教学的新手段。思想政治教育活动是一项实践活动，同其他社会实践活动一样，思想政治教育活动工具的创新和手段的更新为思想政治教育活动的开展提供了方便，从而增强了思想政治教育工作的时效性和实效性。科技革命从理论到实践转化，最终通过生产活动创造出人们所需的商品。为了满足课堂教学的需求，我们需要配备各种多媒体设备、个人电脑和移动终端设备，同时还需要提供各种为教学服务的网站资源。这些都是当前学校进行思想政治教育不可或缺的工具，也是提高教学效果的有效途径。新科技不断地融入思想政治教育工作中，大数据可以提供智能化的思想政治理论课教学，VR技术为大学生提供了诸如"重走长征路"等虚拟现实体验。各类教学文字、图片、音频、视频借助于新的技术成果为学生展现知识，在最短的课堂时间里传输出最大化的教学内容，这些科技成果在思想政治教育活动中呈现出生动、直观、交互等特征，深受学生喜爱，增强了大学生思想政治教育的时效性、针对性、灵活性，创新了思想政治教育的手段，能够与当前高校思想政治教育发展的新情况、新形势相融合。互联网的创新发展丰富了大学生思想政治教育的新载体。互联网新科技的开发与运用，给大学生政治参与带来了新的载体、打开新的通道。在无线通信的今天，数字电视、移动互联网等信息技术蓬勃发展，国家政治生活、社会生活透明度提高，大众可以借助大众传播媒介对政府进行更有效的监督和诉求表达，进而对政府决策过程产生影响。

科技发展使物质生活条件得到提高、劳动方式发生转变，使得公民的科学文化素质、参政能力得到普遍的提高，并获得足够的政治参与时间。互联网科技革命日新月异，网络论坛孕育而生，网络贴吧、QQ群、微博、微信、可留言新闻面板等，这些平台均是当代大学生网络活动的场所。在每种平台上，大学生都可以获取不同的政治知识与见解、各种新旧思想观念以及各种角度的分析和评论。网络成为当代大学生了解时事、表达观点的重要渠道，同时也是他们表达个人观点的主要载体。互联网不仅为大学生提供了一个传播下载平台，同时也为他们提供了一个输入上传入口，让他们有机会表达自己的政治观点和对各种事件的看法。

随着科技生活方式的演变，大学生思想政治教育的领域得到了新的拓展。互联网作为一种全新的技术平台和信息传播手段，对高校大学生思想政治工作产生了重大影响。互联网科技催生了一种全新的大学生学习和生活方式，彻底颠覆了他们之间的交流模式和互动模式。网络技术使人际间的联系和沟通变得更加便捷，它促进了个体之间的互动和融合，从而增强了个体的实力和影响力。互联网不仅是工具也是载体，它可以使个体获得各种资源和便利条件，并形成自我认同、自我实现的能力。在数字化时代，社会犹如一张无形的网，将每个个体、组织、集团纳入其中，以有序、高效、低成本的方式运转。这种新型网络文化不仅影响着人们的思想观念和价值取向，还对整个世界产生了重要影响。在互联网时代，大数据、跨界、高效、创新和信息共享等特征共同构成了一个充满活力和机遇的生态系统。这些新事物给人们带来了前所未有的机遇和挑战，也使人们对传统思想政治工作产生巨大改观。随着互联网触角的不断延伸，思想政治教育活动已经深入到社会的各个角落，波及社会的各个层面。互联网所能达到的地方，就会有思想政治教育活动的身影。国家的电台、报纸、电视、移动客户端出现在互联网上，尤其是移动互联网，并得到了快速发展。人们在手掌上即可观看各类新闻资讯，现在，通过关注主流媒体或报刊的电子版、微信公众号、移动客户端，人们就可以看到时政快讯、时事评论，这些在互联网深入千家万户之前是不可能实现的，并使得思想政治教育活动得以拓展其空间，大学生得以实现政治认知与参与。新科技革命催生的互联网尤其是移动互联网的时代，一种新的生活方式在不断地拓展思想政治教育的空间，思想政治教育效果得到了质的飞跃。

可见，新科技革命给思想政治教育的发展提供了历史新机遇，无论是互联网、信息技术、数字化在推动受教育者自身素质的提高方面，还是使得教育者能够借用新科技革命成果开展思想政治教育活动的便利方面，或是科技革命在创新思想政治教育手段、丰富思想政治教育载体、拓宽思想政治教育空间方面，它都以一种不可估量的因素推动着思想政治教育活动向前发展。

第三章 高校思想政治教育的创新问题

本章分别介绍了四个方面的内容，依次是高校思想政治教育创新的价值、高校思想政治教育的理念创新、高校思想政治教育的内容创新、高校思想政治教育的机制创新。

第一节 高校思想政治教育创新的价值

一、促进高校思想政治教育的创新发展

对高校思想政治教育进行创新，正是基于对它所面临新形势的充分研究，从对高校思想政治教育理念进行更新、丰富高校思想政治教育工作、完善高校思想政治教育方式、加强高校思想政治教育工作机制等方面所实行的全方位创新。只有实行这种革新，才能使高校思想政治教育顺应时势，深入人心，发挥作用，显示威力；才能使高校思想政治教育真正保持旺盛的生机和活力，肩负起自己的职责和使命，并在为和谐校园的构建做出积极贡献的基础上，巩固和强化自己的地位。

时代变迁和社会的发展，提出了构建和谐校园的新要求。要实现这一目标，必须要紧抓住用马克思主义中国化的最新理论成果武装头脑这个首要任务，抓住加强和改进思想政治教育这个基础，抓住心理健康教育、塑造良好心态这个重要环节，抓住校园文化这个重要载体，抓住高校发展这个主题，抓住队伍建设这个关键。只有抓好了这些工作，高校才能抓住和谐校园建设的关键。

要在坚持传统思想政治教育内容精华的基础上，紧跟时代步伐，密切联系经济与社会发展，以科学发展观和习近平新时代中国特色社会主义思想为指导，结合大学生的思想实际和全面发展的要求，吸纳大量符合时代要求的新材料、新内

容，将马克思主义中国化的最新理论成果融入思想政治教育体系中，推进高校思想政治教育的新经验、新方法，确立社会主义核心价值体系的主导地位，理顺心态，促进优良教风、学风和校风的形成，最终完成构建和谐校园这一历史使命。

实际上，高校思想政治教育的创新，就是通过将符合时代要求和更加丰富的内容充实到高校思想政治教育过程中来体现的。没有新材料、新内容的高校思想政治教育是缺乏时代感的、僵化的和不具备说服力的。只有在大量鲜活的材料被引入高校思想政治教育领域的情况下，高校思想政治教育才会因自身所具备的强烈时代感和震撼力，而增强自身的说服力。高校思想政治教育的创新在促进高校思想政治教育内容创新的同时，还必须要改进高校思想政治教育的方法。高校思想政治教育方法的创新是高校思想政治教育创新的重要组成部分，也是加强和改进高校思想政治教育的有效支撑。

新形势下的高校思想政治教育，若不能自觉地把马克思主义的立场、观点、方法与时代特征相结合，若不能在继承和发扬高校思想政治教育优良传统的同时，努力探索高校思想政治教育的新途径、新手段和新载体，就不能在信息社会里利用一切先进技术手段、创新工作方法、增加思想政治教育的科技含量、抢占信息传播的制高点、掌握网络思想政治教育的主动权；就不能激发大学生的学习热情，营造民主开明的教育氛围，寓灌输教育于引导和渗透之中，帮助大学生自觉、愉悦地接受科学理论和先进思想；就不能在实施教育的过程中有效注入真情实感，以人为本，从大学生的实际需要出发，解决思想问题，有效发挥思想政治教育的强大功能。

高校思想政治教育创新的目的，是根据时代的变化和社会发展的要求，破除陈规的束缚，解放思想，与时俱进，博采众长，并通过思想政治教育内容和方法的创新，大力增强思想政治教育的效果，为和谐校园的构建提供强大的精神动力和方向保证。

二、提升高校教育质量

高校思想政治教育的创新，目的在于通过促进和谐校园的构建而实现人的自由全面发展。而人的现代化是人的自由全面发展的必经阶段，人的自由全面发展则是人的现代化的最终目的和必然结果。处在社会转型时期的当代中国，迫切需要大量实现了现代化转型的人才。所谓人的现代化，是指人的现代特性发生、发展的现实活动，是一个由传统人向现代人的转变过程，它包括人的观念、道德、智能、生活方式等从传统向现代的转变等。一个现代化的人，其本身应随着时代的发展，具备与时代发展需求相符的素质能力，如正确的道德理想价值、信息观念等现代化思想，此外还应当具备一些其他方面的能力，如先进的科学文化知识、良好的身体及心理素质等。当然在我们刚刚提到的这些素质之中，思想道德素质是尤为重要的，我们可以毫不夸张地将其看作是人的核心素质，它对一个人的成长与发展起着至关重要的作用，是人们素质状况的一个根本标志，也是促进人们自由而全面发展的一种重要方式。

（一）有利于提高大学生的思想道德素质

对高校思想政治教育进行创新，一方面，它不断地依据社会发展与受教育者思想实际，丰富了思想政治教育的内涵，完善了思想政治教育方法，用受教育者乐于接受的形式，使受教育者能够学习并掌握马克思主义与时俱进理论，并确立正确世界观、人生观和价值观，使他们能正确的处理人员之间、人与社会、人与自然之间的关系；另一方面则要把学生培养成为有理想、有道德、有文化、有纪律的一代新人。要让大学生树立远大的理想，坚定信念，坚持马克思主义，坚持社会主义，并凭着高尚情操、百折不挠的性格，敢于奉献，肩负起社会责任，完成中华民族伟大复兴的历史使命。

此外，创新高校思想政治教育，也是在坚持育人为本、德育为先的基础上进行的，注重受教育者独立人格与勇于担当社会责任道德品质的养成，促使受教育者培养创新精神、提高创新能力。当高校思想政治教育的创新紧紧围绕着上述两个方面展开并取得成效的时候，大学生的思想道德素质的提升就有了一个可靠的保障。

（二）有利于促进大学生健康人格的完善

大学生的全面发展和社会和谐的基本条件，取决于他们心态的健康和人格的健康，这是身心健康的重要体现。当代大学生在成长过程中，由于受家庭、学校和社会教育等方面因素的影响，往往会产生一些心理问题。随着现代社会节奏的不断加快和竞争的日益激烈，大学生的学习、生活和就业压力也在不断增加，但这同时也激发了他们的勤奋学习和奋发进取的精神。当代大学生群体的构成比较复杂，有的在优越的环境中长大，有的家境则比较贫寒，有的抗挫折能力较差，有的自卑心理较重，容易出现这样和那样的问题。促进大学生人格的和谐与心理的健康，是高校思想政治教育创新的主要关注点之一。

加强与改进大学生思想政治教育工作，就是要提倡素质教育，引领学生整体发展的"基础工程"。随着改革开放，我国社会主义现代化建设的进程不断发展，大学生从思想、政治、学业和其他方面都有显著提高，成才的欲望也变强。人的成长成才，不仅取决于他们本身智力因素，同时，还取决于自身的思想政治素质和其他因素。高素质人才不仅要具有高度的科学文化素质，身体、心理素质也要良好，更应该具有较好的思想政治素质。思想政治素质是大学生的主要品质，它对于他们的健康成长、全面发展起着不可忽视的决定性作用。大学阶段是大学生人生发展中的一个重要阶段，也是一个世界观和人生观形成的关键时期。这个时期，学生正处于身心迅速变化、个性日趋成熟的关键阶段，也正是他们的心理开始出现急剧变化的时期。在这一时期，大学生在人格上将逐渐完成从少年到成年的过渡和蜕变，逐渐形成自己独立的人格，并从家庭，父母的依赖性中解放出来。随着年龄的增长和社会阅历的丰富，他们越来越关注周围世界，开始思考自己未来的人生道路和前途走向。对大学生而言，完成这一人生道路上的重大转折，并非一帆风顺，在其成长的道路上，不可避免地存在着种种困难与冲突，会造成种种的混乱与疑问，这些问题，根本上就是世界观和人生观的问题。所以大学生在进行思想政治教育时，对于学会做人，有着很强的内在需要，同时也需要通过思想政治教育来提高自身素质，使自己成为一个合格的人才。当前高校存在着重视知识传授而忽视能力培养、强调理论灌输而轻视实践锻炼等倾向，导致一些人思想道德水平下降甚至产生严重的社会现象。在当前形势下，高校应该以培养高素质人才为己任，充分发挥思想政治理论课的主渠道作用，切实提高教学质量和效果。只有做好大学生思想政治教育这一"基础工程"的建设，素质教育才得以真正实施，才有可能达到学生全面成长之目的。

（三）有利于加强大学生的创新精神

创新是一个民族进步的灵魂，也是一个国家兴旺发达的不竭动力。创新是时代的呼唤，也是时代给大学生提出的更高要求。大学生要取得学习上的进步、心理素质的提高、自我潜能的充分发挥，要获取符合时代要求的创新能力，就必须具备创新精神和创新能力。高校思想政治教育的创新对大学生创新精神的促进，是通过培养大学生的创造性品格素质而实现的。

首先，我们在进行高校思想政治教育创新的过程中，应当充分重视时代精神对大学生思想政治教育的重要性，并以此来引领大学生保持良好的精神状态，同时保持积极的、奋发向上的心态，不断坚定大学生为实现中华民族伟大复兴而奋斗的崇高理想，为大学生突破传统思想束缚提供充足的精神动力。高校思想政治教育的创新，正是通过进取精神的培养，使大学生勇于发现真理、坚持真理、捍卫真理，进而取得可贵的创造性成果。

其次，高校思想政治教育可以通过不断创新来培育大学生创新精神所必需的坚强意志。人的创造力的发挥是以艰苦的劳动和严谨的工作为基础的。大学生要想前人之未曾想、说前人之未曾说、干前人之未曾干的事，只有不畏困难、坚持不懈、百折不回，才能取得成功。对高校思想政治教育工作进行创新是为了使大学生更深刻地认识到，新的历史时期人生价值是创造出来的，而个人价值则表现为自己创造出来的社会价值，从某种意义上来讲，如果人生缺失了创造，那么其将会黯然失色。因此，我们必须坚持以学生为本的原则，尊重每个人的人格差异和不同需求，把培养具有创新能力的人才作为高等学校人才培养目标之一。与此同时，我们还要在这个基础上尽最大努力激发大学生敢于面对困难、勇于战胜困难的决心，使大学生积极进行创造，从而在创造的过程中不断实现自身的价值。

最后，高校思想政治教育能够以不断的创新，引导大学生把为实现中华民族伟大复兴的崇高理想与自己人生价值的实现结合起来，使得大学生热爱自己的专业，对事业充满激情。创造离不开兴趣，更需要激情。兴趣出自对事业的热爱，只有激发大学生热爱大自然、热爱生活、热爱学习、热爱专业的兴趣，对事业的前途充满信心，才能激发他们以满腔热忱的心态去探索、去发明、去创造。激情则是一种在文学艺术创作和科学技术创造中不可或缺的情感。

高校思想政治教育的创新，就是要在教育过程中，全面展示以改革创新为核心的时代风貌，深刻揭示中华民族自强不息、发展壮大的根本原因和与时俱进、开拓进取的力量源泉，培养大学生以浓厚的兴趣、昂扬的激情、开拓的勇气以及强烈的自信，让他们以创造性的劳动去实现自己人生价值的最大化。毫无疑问，高校思想政治教育的创新对于大学生创新精神的培养，有着不可替代的作用。

第二节 高校思想政治教育的机制创新

一、丰富思想政治教育载体

思想政治教育的载体，指能对学生进行思想政治教育工作，能承载并传达思想政治教育相关内容或者信息，并且能被思想政治教育的主体所用，推动思想政治教育主客体相互作用的活动形式与物质实体，其中既有传统载体，又有现代载体。所谓传统载体，就是指在思想政治教育进程中长期出现并在今天仍然继续起作用的各种载体，主要包括研讨会、座谈会、面谈等形式；所谓现代载体，则是指伴随着现代社会的发展，具有崭新时代特征的载体方式，从当前来看，新媒体便是现代载体的重要部分。此外，若是从活动主体、方式的差异角度来分类，也可将载体形式分为物质载体（如校园风格）、制度载体（如学校管理规章制度）、精神载体（如校园文化活动）、传媒载体（如广播、报纸、电视、书籍等传统媒体和新媒体）等，伴随新媒体时代的降临，思想政治教育的主客体呈现多重发展趋势，丰富的载体成了进行思想政治教育工作的重要手段。

（一）强化载体数字化建设

在当代，数字化技术正在快速发展，这在无形中有力地促进了思想政治教育改革。进一步构建数字化的教材体系、着力发展符合高校身心发展特点的人才、符合思想政治教育工作目标和任务的新媒体优秀教学软件，既与时俱进，又开辟了先河，更可以说强化载体数字化建设是开发思想政治教育载体最有效的方法之一。从强化数字化载体建设实践层面看，我们会发现很多典型的例子，比如清明期间的网上公祭、网上党建论坛、网络党校、虚拟班级等，都是数字化载体在高校思想政治教育中的具体表现，这从一个侧面折射出新媒体浓郁的时代气息。

（二）深化载体复合化建设

作为融传统媒体和现代媒体于一体的特殊生态系统，校园载体是整体性的、开放性的和动态性的，归结成一点就是复合性很强，所以，校园载体的复合化建设，直接关系到其载体能否实现最大作用。从当前高校思想政治工作实际看，由于受社会大背景和学校内部条件的限制，部分高校在进行校园载体复合时会出现诸多问题。深化载体复合化建设，一是要巩固和强化传统媒体教育，充分发挥校园广播、校园宣传栏、校报、校刊和其他宣传阵地建设校园文化的传统优势，同时还需要借助新媒体手段提升师生信息接收能力和接受水平，从而进一步增强校园载体的吸引力；二是要以整合校园多种媒体为前提，营造全新媒体环境，并对各种媒体进行再整合，创造一种新型媒介形式，如果可以利用体育场媒体、教学楼媒介、生活区媒介，并以校园走道媒体为载体，开展思想政治教育工作，将会收到良好的教学效果。有效利用多种校园媒体，有助于意识形态和思想政治教育阵地的建设，通过不断传达正确思想观念和指导价值，高校可以创造和谐育人氛围，这推动了当代高校思想政治教育实效性成效的发挥。

（三）加快新旧载体互动化建设

首先需要明确一点的是，新媒体的所谓"新"是相对的，它同样是在不断发展的，例如与报纸相较，广播是新媒体，而与电视、网络相较，广播则又退位为旧媒体。现实中新媒体和旧媒体长期并存，没有完全替代的说法，新旧媒体之间只有进行广泛的合作，加速互动化建设，才能适应各种不同文化程度的需要、满足不同个人偏好的高校的个性化的需求。这方面要做的工作首先是将新媒体技术与传统教育方式进行有机结合，充分发挥载体的合力作用，使传统的思想政治教育能够向创新之路迈进，进而丰富思想政治教育的方式和手段，以适应不同学生群体对思想政治教育不同阶段的需求。同时还要注意加强对师生之间沟通和交流渠道的建立与完善，使其成为学校开展思想政治教育活动中不可或缺的组成部分；其次，探讨虚拟空间和现实空间统一的新的工作思路，既要靠网络、手机这样一种收集学生心理动态的新形式，还要借助意见箱、报告会这种陈旧的形式，分析同学们存在的各种思想问题。

尽管新媒体技术在信息传播中扮演着关键角色，传统媒体仍然保留着公信力和导向性上的独家优势，在未来相当长的一个时期并不会被新媒体技术所彻底代替。所以，新媒体时代的大环境，只有把新媒体和旧媒体有效地结合起来，形成良性互动、优势互补之新格局，才能促进高校思想政治教育效率的不断优化。

二、提升思想政治教育水平

思想政治教育水平的高低与教育者本身及教育工作如何开展等因素有关。教育者始终是教育的主力军。教育者综合能力的高低从很大程度上能够决定教育质量的好与坏。因此，为了确保、提升当代高校思想政治教育的质量，必须要拥有一批素质高、综合能力强、创新意识突出的教育工作者。另外，为了保证教育的实效性，如何正确、合理而又有效地开展当代高校的思想政治教育工作，也是一个关键问题。

（一）切实提升大众传媒从业人员综合素质

依据传播学原理，大众传播效果是由诸多因素与条件所决定，而在这个过程中，处于最佳位置的，毫无疑问就是传播主体——传播者。因此，对传播者进行研究也就显得极为重要。传播者把握了传播工具和手段，也决定了传播信息的内容权衡，在传播过程中处于控制地位，能起到积极主动作用。

当代社会是一个伴随着社会节奏变化而发展的社会，人们日常生活与大众传播的关系日益密切。作为一种重要的传播方式和手段，大众传播已成为现代大学生学习生活中不可或缺的组成部分。时下社会节奏越来越快，高校日常生活还和大众传播息息相关，但是大众传播给高校生活带来了许多积极的影响，也必然会产生一定的负面效应。另外，由于大众传播手段的落后以及媒介自身发展存在着缺陷，当前我国高校大学生的思想政治状况不容乐观。为了解决上述问题，社会要牢牢抓住大众传播舆论导向，让它起到积极的传播与教育的作用。此外，大众传媒从业人员作为控制者则扮演了关键角色，所以，只有有效提高大众传媒从业者的综合素质，才能够为思想政治教育信息传播提供正确而通畅的途径。

1. 进一步提高大众传媒从业人员的政治素质

提升大众传媒从业人员综合素质，首先要加强其政治素质。由于受众复杂多样，大众传播的道路也必然是多样化的，但不管怎样蜿蜒曲折，其大方向必须是始终沿着中国特色社会主义发展路径前行。因此，作为大众传播活动的引领者，大众传播从业人员必须注重培养自身政治素养，一方面，要主动提高自身理论政策水平，深化思想政治意识，树立正确的传播观；另一方面，要积极提升道德素质和文化素质，加强自身责任感和自律性，使自己成为道德高尚的传播者，从而把积极向上的信息传播给广大高校。

2. 完善大众传媒从业人员的自律机制

自律是社会道德责任感的重要体现，传播者只有遵从职业操守、恪守道德规范、实事求是地传播信息，才有可能对受众起到积极的作用。媒体只有充分发挥其监督职能，揭露不良风气，弘扬社会正能量，才有可能形成一个良好的舆论氛围，也只有依靠良好的社会舆论环境，思想政治教育工作才能达到预期的良好效果。

（二）培养专业的思想政治教育者

充分发挥大众传播载体在思想政治教育中的作用，除需有效提高大众传媒从业者综合素质外，对于广大的思想政治教育者来说，它的培育也是十分必要的。当前我国高校思想政治教育工作者在专业素养和职业精神上还存在不足。加大思想政治教育者队伍培养力度，全面提高思想政治教育者素质，就会更加有助于运用大众传媒载体来实施当代高校的思想政治教育。

1. 更新观念

观念促成行动。要培养专业的思想政治教育者队伍，必须以现代化的思想政治教育观念为先导，着力转变固有的旧观念。一方面，思想政治教育工作者应明确大众传播载体应发挥的有效作用，明确它对思想政治教育工作的关键性作用。在高校思想政治教育活动中，大众传播载体的有效运用势在必行，要调动大学在思维模式上切实改变生活方式。另一方面，思想政治教育者也应该意识到新媒体时代下当代思想政治教育的紧迫感，一定要从提高自己的政治理论水平入手，牢固地把握思想政治教育的规律，对大众传播的有关知识有较深的了解，深刻把握大众传媒的特征，从而从容地迎接大众传播所面临的各种挑战。所以在新媒体时代，思想政治教育者应始终以新认识、新观念，牢牢抓住大众传播的载体。

2. 学习传播学技巧

所谓的传播技巧，主要指的是对于传播活动而言，为了成功地达到说服目的所采取的手段和策略，是对传播规律、原理加以灵活应用所显示出的既专门又特定的传播方法，主旨服务于传播谋略和内容。从传播学角度而言，传播技巧主要包括语言、文字、音像和其他形式等四个方面。传播技巧在传播理论中占有至关重要的地位，它集中地反映了传播者的理论经验和政治素养。合理地运用传播技巧来组织思想政治教育信息的传播，可以有效地将要传播的信息传给受众。作为新媒体时代的思想政治教育者，在充分利用大众传播载体的同时，应当有所作为，要在具体思想政治教育活动中融入传播技巧，从而增强思想政治教育活动传播效果。发展和壮大思想政治教育者专业队伍，要求思想政治教育者必须认真学习和贯彻传播学知识、了解传播学技巧，并运用坚实的理论知识，结合学生实际特点开展具有强烈感染力的生动活泼的思想政治工作，只有这样才能达到预期目的。

（三）发挥多种媒体良性互动的综合效应

大众传播的不同传媒各自具有不同的优势和特点，如何有效利用不同传媒特点，形成多种媒体优势互补、良性互动的综合格局，是我们在创新大众传播载体时应大力思考的问题。

首先，要对各种传媒特点进行认识与熟悉，有的放矢地进行思想政治教育。大众传播工具是人类社会发展到一定阶段的产物。不同大众传媒都有其独特之处，不同接收者接受大众传媒程度各异。例如，对于报纸、书籍而言，高校学生文化程度较高，对其巨大的信息量及丰富的内容能较好地理解，因此它的理论色彩可以浓厚一些，而电视、网络等更新速度快，应尽量避免使用晦涩难懂的表达方式，要多采用明快简洁的语言来进行信息传递。因此，思想政治教育者应当根据不同情况，采用不同的传播方式，以期达到最优的教育目的。

其次，各种媒体应取长补短，良性互动，全方位、多角度地开展思想政治教育。大众传媒的形式是多种多样的，无论是报纸、广播，还是电视、网络均能自主地承担起思想政治教育这一职责，并能灵活运用其教育功用。所以思想政治教育者要灵活应用多种传媒手段，加强各类媒体的导向作用，在传播中潜移默化地渗透道德素质与精神价值。另外，思想政治教育者还应该协调多种传媒方式的互补关系，利用互补性增强影响力。

最后，要认可教育客体的主体性，加强互动性。在大众传播活动中，尊重认可教育客体的主体性，是增强其主体意识的必然要求，也是运用好大众传播载体的有力需要；而"互动"可以充分体现受众的利益，令受众自愿参与到大众传播活动中来。因此，调动高校的主体意识，令其参与传播互动，不仅能使高校的精神文化需求得以满足，而且也能使其利益得到体现。

三、拓宽思想政治教育途径

由于高校思想政治教育走入了新媒体时代，各个高校也开始表现出许多全新的特点。在新的时代背景下，原有的思想政治教育途径显得非常狭窄，既与当代高校所需的思想政治教育不适应，又不利于思想政治教育在新媒体时代下的持续发展。所以如何高效地运用新媒体、增强思想政治教育工作实效性和针对性、革新原有思想政治教育、拓宽思想政治教育途径，下面提出几点思考。

（一）转变观念，加强学习，实现新时代教学结合

长期以来，高校思想政治教育多采用灌输式教育法，老师、学校、主流媒体拥有无可置喙的话语权威，对高校的教化往往采用说教的形式，这极易引发高校受众的逆反心理。在新媒体时代的背景下，这种传统老旧的思想政治教育方式弊端尽显，已不适应如今时代的发展需要。新媒体时代，高校大学生思维活跃，独立思考能力变强，对新媒体信息兴趣浓厚，对于新媒体技术也能快速熟练地掌握，并即时运用到自己的学习生活之中。相比之下，许多高校思想政治教育者因循守旧，接受新生事物的能力薄弱，加之受自身新媒体技术所限，思想政治教育过程中时代感不强，思想政治教育工作往往达不到预期的理想效果，所以新媒体时代下，新媒体元素在高校思想政治教育者中的意义必须被重新审视，要有意识地把它纳入到日常思想政治教育之中，在贴近高校身心实际的前提下，有的放矢地进行思想政治教育，并针对不同学生的特点，及时转变教育方式，充分体现互动性，使学生自己积极主动地接触新媒体，了解所需，也就是实现教学结合。另外，教育者本身还需提高自身的技术水平，与时代接轨，与社会及时代发展的需要接轨。在新媒体时代，思想政治教育既要依靠学校教育，更需要接受持续的自我教育，所以思想政治教育者应始终关注新媒体技术的掌握，更新教育观念，充分运用新媒体，做到教学结合。这样一来，思想政治教育也能得到不断的发展和革新。

（二）拓宽渠道，加强引导，提升高校媒介素养

面对拥有多元化、虚拟性与自由性新媒体，高校思想政治教育工作者应积极开拓教育新途径，强化高校媒介素养教育。所谓的媒介素养，指人在多种媒介上对信息进行诠释、批判的能力，另外它也指人将信息转化为个体生活、社会发展的能力。新媒体时代，每一个人都不仅是一个信息输入者，还是信息输出者；所以媒介素养应该包括输入者素养与输出者素养。从这个意义上看，传播者需要具备传播知识技能与思想道德素质两大基本要求，同时还需具有良好的人文关怀意识及健康向上的审美情趣。充当输入者就是充当接收者，要能对媒介信息进行理性分析，特别是对于消极负面信息批判的抵御能力；接受者需要具有敏锐的观察力和判断能力，并善于将这些敏感问题及时反馈给受众，并以输出者的身份，有意识地提高素养，加强自身道德精神建设。在新媒体时代，思想政治教育者要拓宽渠道、加强指导，不断提高高校的媒介素养，还应重点强化高校在媒介信息选择、加工、分析、认识、评价等方面的能力。同时，还要在课堂教学中渗透媒介知识，使大学生具备良好的媒介意识和媒介素质。如思想政治教育者可把道德教育纳入课程教学，或者借助知识讲座、选修课等形式锻炼学生的媒介素养，督促学生形成正确媒体观，增强其对有害信息的免疫能力，使其自觉遵守道德规范和媒体守则。新媒体资源的科学利用，应着力构建和谐文明校园新媒体文化氛围，以实现高校媒介素养的提升。

（三）抢占阵地，增强监督，完善新媒体信息环境

新媒体来势汹汹，不仅形式生动，而且渗透力强，在此背景下，高校思想政治教育者应学会科学地使用网络信息载体，努力创造思想政治教育工作的方便条件。如创建思想政治教育专题网站，占领网络思想政治教育新阵地等，让思想政治教育内容从课堂现实空间跃入网络虚拟空间。在主题网站的基础上，还可创设如讨论吧、论坛、微博等网络阵地，培养学生的"网络综合"能力。除了建设网站之外，同时也要注重网站后期管理与监管，利用先进技术手段把关信息在网络中的传播，并通过建立网络监督员，对网络的一些不文明信息进行及时的处理和过滤，通过有效的监控和科学的引导，为高校的健康成长铺开一片沃土。

此外，优化新媒体信息环境，应全面改善教育主客体身边的信息状况，综合运用积极因素实现信息资源优化配置。完善新媒体信息环境是整个社会的责任，需要社会各方面的共同参与，政府应加强对大众传播的监察力度，保证大众传播的正确舆论导向，同时制定和完善相关法规，给高校思想政治教育工作提供了一个良性的、积极向上发展的社会大环境。高校则应加深新媒体研究，着力探究新媒体时代背景下高校思想政治教育的规律与新特征，将当代的思想政治教育内容

融入新媒体的传播路径中，加强全局管理，为高校校园提供一个积极健康的新媒体信息环境，从而促进高校思想政治教育积极健康地向前发展。在教育者层面，高校教师应根据自己的实际情况，努力提高新媒体综合技能和专业知识，确保在学生面前的优势地位，不断地创新和改进教育的方式和方法，努力使当代高校思想政治教育工作的积极性得到充分激发，并指导学生建立正确科学观、人生观和价值观，坚决杜绝向学生透露不良信息、有害信息及可能危害学生身心健康的信息，积极引导学生如何杜绝不良信息的侵入，帮助他们提高辨别虚假信息的能力、养成拒绝接受危害自己身心健康信息的习惯，在主观上做到优化新媒体信息环境，为当代的高校思想政治教育事业尽自己应尽的责任与义务。

（四）建立机制，科学管理，完善实践育人体系

1. 建立领导机构

建立校、院（系）两级领导机构。在此基础上，要建立和完善包括责任制、督查制、报告制等在内的领导机制。每种类型的社会实践活动都要明确责任部门和责任人，形成齐抓共管、一级抓一级、层层抓落实的工作局面。校级领导机构要在明确责任分工、优化资源配置、协调工作冲突、进行督促检查、开展专题培训等方面发挥主导性作用；院（系）级领导机构要在策划部署、人员配备、考核评定、社会实践基地建设等方面发挥关键性作用。

2. 建立指导机制

没有高水平的专业指导，就不可能有高质量的社会实践活动。要建立校、院（系）两级指导教师团队，并在此基础上，进一步完善指导机制。一是要通过加强课程建设，建立和完善大学生社会实践培训课程体系及课程制度，推进校级指导教师团队的知识化和专业化；二是要通过建立大学生社会实践指导教师进修培训制度和活动补助制度，来推进院（系）指导教师团队的建设。

3. 建立激励机制

必须从学生在社会实践活动中可以获得什么，或者说施教者可以通过社会实践活动给予学生什么这个根本问题出发，建立健全激励机制，促使学生由"让我加入吧"向"我要参加"过渡。关于专业实习、军事训练、生产劳动、社会调查和其他"必修科目"的教学活动，除应视具体情况、对学生提供部分交通补助和

生活补助之外，也要以总结表彰大会的方式进行，公开表彰成绩优秀的个人、集体。对勤工俭学、志愿服务、挂职锻炼及其他"选修科目"，应当设立学分奖励制度。一是要探索和建立勤工俭学、志愿服务和挂职锻炼时数与学时之间恰当合理的换算关系，为进行学分奖励提供可靠的基础；二是要根据科技服务时间以及科技项目获奖情况，对学生进行学分奖励。

4. 建立保障机制

在大学生中进行社会实践活动需要付出一定的代价，同样存在着风险，所以，需要构建大学生社会实践的投入机制、风险机制以及其他保障机制。一是要建立学校、学生和社会三方共同参与的多元投入机制；二是要建立社会化的风险保障机制。学生参与社会实践活动，具有种种不确定性，易出现这样或那样的安全事故。如果没有完善有效的安全保障措施，一旦发生意外，将会给学生带来巨大的伤害或损失。所以，在安全教育带队老师的同时，也要教育好大多数学生，除必要安全措施外，还得给每个同学买商业保险。

（五）提升内涵，推进实践，深化实践育人途径

实践的目的是育人，只有提升实践的内涵、凝练实践的意义，才能充分发挥实践的育人功能。一是学校要坚持从"热爱祖国，热爱家乡"教育入手，坚持将社会实践与志愿服务工作作为大学生思想政治教育工作的重要手段，引导大学生踊跃参加家乡建设事业，引导大学生坚定中华民族伟大复兴崇高理想，坚定始终跟党走的信念，并在此基础上，不断拓展学生活动空间，丰富校园文化生活，努力营造浓厚的校园文化氛围，让广大同学感受到家的温暖；二是要通过走进厂矿企业、学校社区、山乡村寨和田间地头，对大学生进行普法宣传、科技扶贫、支教扫盲、文化传播等，使其为家乡的建设出谋划策。

（六）跟踪指导，及时反馈，强化实践育人实效

学校以大学生社会实践为目标，进行项目化运作。第一，做好项目立项与选拔，这能为高校界定社会实践基本范畴，并且提供选题，为学院团委及各学生组织提供参考。各学院团委、各学生组织可以结合实际情况提出申请。第二，项目的监督与管理。采用网站展示、实践点巡视的方式，建立信息反馈机制以及跟踪指导，强化项目团队管理。第三，要对项目进行检查和考核。要编制出评比量化表，构建一套完整、高效的评价体系，有效地规范社会实践工作，切实评估实践效果。如从实践主题、活动内容、活动的覆盖面和组织、实践基地建设等，量化评比项目。同时，还要注重发挥专业教师和志愿者队伍在实践中的作用。从评估方式来看，学校社会实践指导小组在综合学院自我评价、实践基地评价后，能够比较客观地反映实践团队所取得的实际成效，并且推动实践项目质量的持续提升。近年来，有高校积极推进以"三社联动"为主要形式的社会实践品牌创建。通过品牌化的建设，推动工作上档次、上规模。学校社会实践、志愿服务等服务领域不断拓展，在城市社区建设中、环境保护中、大型活动中、抢险救灾中及其他方面，形成了若干重点服务项目。社区青年志愿服务项目、环境保护志愿者系列报道、社会公益志愿活动等，都在如火如荼地进行，这凸显了社会实践针对性和实效性、吸引力与感染力。

第四章　高校思想政治教育的教学模式问题

本章依次阐述了高校思想政治教育教学模式概述、高校思想政治教育教学模式存在的问题、高校思想政治教育教学新模式三个方面的内容。

第一节　高校思想政治教育教学模式概述

一、教学模式概述

（一）教学模式的定义

国内研究人员将教学模式界定为四种类型：其一为"理论说"，即把教学模式看作是教学实践过程中逐步形成的设计与组织教学的学说，这一教学理论可用简化的方式来表述；其二是"结构说"，即把教学模式看作是以某种教学思想或理论为指导，对各种教学活动所确立的基本构造与构架；其三是"程序说"，认为教学模式就是以某种教学思想为指导，为完成提出的教学任务而确立的相对固定的教学程序和实施方法策略体系；其四是"方法说"，认为教学模式是教学手段，并从教学原理、内容、教学目标与任务予以理论化操作样式。

以上定义各有重点，人们往往把教学模式理解成以某种教学思想或者教学理论为指导的教学模式，以及指导具体教学实践所确立的比较稳定的教学活动结构与过程。这种认识融合了"理论说""结构说""程序说""方法说"等概念精髓，也受到了钟志贤教授"所谓教学模式，是指在相应的理论基础上，为达成一定的教学目标而构建的较为稳定的教学结构或程序"的启发。教学模式是由一系列相对独立但相互联系着的基本单元所构成的一个有机整体，具有特定的功能与特征。我们从上面的定义中可以对教学模式有一个更加清晰的定位，它是一种教学中介，即理论基础与实践教学二者间的中介。在教育科学领域内，教学模式一般被理解为一种教学方法或教学策略体系，它是指一定时期内所采用的具有某种共同特征的教学方式。教学模式不仅包括静态的教学结构，还涵盖了具有动态性的教学流程。在课堂教学过程中，教学结构具有层次性、阶段性和动态性。一般情况下，我们可以在教学结构横向中看到教学系统中各个教学因素间的关系，如教师、学生、教学内容、教学方法、教学环境等，这些教学因素之间呈现出一种静态空间关系。另外，从教学程序的纵向中，我们可以看到各个教学活动环节与教学活动步骤之间的关系，它们之间的关系呈现出动态时间关系。

（二）教学模式的要素及特点

1. 教学模式的要素

由于教学活动是教师、学生、内容、方法与环境一起组成的一个有机整体，一个完整的教学模式，至少是由以上 5 个基本因素构成，它们之间互相联系、互相作用，共同促进教学活动的发展。

（1）理论依据以教学模式为导向。教学理论是在一定实践基础上形成的具有相对稳定性和普遍性的教育理论体系，它是人们对教学过程及其特征的认识。教学理论不仅研究教学中的各种现象、各种问题，以及揭示教学中的普遍规律，还研究运用与遵循规律来解决教学中实际问题的方法策略与技巧。在具体操作中，教学理论是以"怎样教"为中心的理论，它是人们在对具体教学活动进行观察和思考时得出的一种理性认识。教学理论就是对教师在教学情境下的行为（比如造成、保持并推动学生的学习）进行的规范或阐释，其重点在于普通、规律性认识，其目的是指导实际的教学工作。不同教学模式所依据的教学理论是不一样的，例如，传递—接受模式以行为心理学理论为基础，自学—辅导模式以人本主义为理论基础，现象分析模式是以建构主义认知理论为理论基础，范例教学模式以人类认知规律理论为理论基础。

（2）在教学模式中，教学目标处于中心地位。教学目标是教学模式能够实现的教学效果，能够事先估计教师对于某一教学活动会给学生带来怎样的影响。教学目标决定了教学模式的操作程序以及教学活动中教师与学生之间的组合关系，更是教学评价的准则与标尺。正因为有了教学模式和教学目标，才有了具备内在统一性、决定各种教学模式的性格特征。

（3）操作程序，即教学模式的具体逻辑步骤。操作具有明确具体和可操作性强等特点，它可以作为教师实施教学策略的依据，也可用于学生学习方法指导与评价的内容。操作程序既有教学内容展开次序，还包括教学方法使用的次序等，也包括教师和学生心理活动发生的先后次序。操作程序指定教师和学生从事教学活动应首先完成的任务，以及每一步应做的工作。操作程序把教师和学生的各项活动有机地连接起来，一起指向教学目标。

（4）实现条件为教学模式实践提供了现实基础。其中，在一定程度上制约着模式能否顺利推行的因素就是"是否具有可操作性"。要保证模式能够有效地发挥作用，就必须使其成为可操作的系统。实现的条件主要有教师、学生、教学内容、教学手段、教学环境、教学时间和教学策略。只有具备条件，教学模式才有可能真正落实，并发挥其作用。

（5）所谓教学评价，就是实现教学目标所采取的一种评价方法，也是一种标准。每一种教学模式自己独特的教学任务的完成与否，一定要经过相关教学评价来进行测试与评判。

2.教学模式的特点

在概念与要素分析的基础上，我们不难发现教学模式具有5个显著特征：

（1）指向性。在制定课堂教学模式时，首先要确定一个具体的教育目标和学生发展方向，然后再根据这个目标去选择相应的教学内容与方法。教学模式的所指即为教学目标，教学目标又是确定教学模式设计的主要内容。智育或德育对象，对课程教学模式提出了不一样的要求。

（2）操作性。教学模式将教学理论具体化、固化，即以教学理论为依据，构建教学行为框架。与教学理论相比，它更容易为教师所理解、掌握和应用。

（3）完整性。教学模式具备完整统一的结构和要求，并且包含理论和实践两个方面的特点。它的理论基础、教学目标、操作程序、实现条件和教学评价相互关联、有机统一，缺一不可。因此，完整执行教学模式非常必要。它注重的不仅仅是理论，还包括方式与方法。

（4）稳定性。教学模式是一个漫长的过程，会对大量教学实践活动进行理论概括，并总结出规律性，不是为特定学科教学内容服务的，有概括性、普适性的特征。

（5）灵活性。教学模式在不断的更新中，但并不是一成不变的。教学模式永远是伴随着一定的社会发展而产生的，它与当前经济、政治、文化，以及人的观念与教育需求之间的关联十分密切，所以它有时代性的特征。教学模式的操作程序始终指向具体教学活动，而且教学活动自身也是动态的，所以操作程序还会随着实际的教学情境而灵活多样。

二、高校思想政治教育教学模式

（一）高校思想政治教育教学的独特性

1. 素质教育是高校思想政治教育的教学目标

高校思想政治教育的教学目标是培养学生的素质，以发展学生思想道德素质为主线，端正世界观、人生观、价值观、社会主义觉悟与爱国主义精神等，进而造就合格建设者与接班人。国际 21 世纪教育委员会雅克·德洛尔主席在《论未来教育》中讲到：学会求知，学会做事，学会共处，学会做人，它构成了未来教育的 4 个支柱。[①] 坚持以人为本的原则，全面实施素质教育，是当前教育改革与发展的一个战略主题，是落实党的教育方针和时代要求，它的核心就是要解决培养什么样的人才的问题。如何育人，是一个大课题，要注重面向全体学生、促进学生的全面发展，努力提高学生为国家服务的能力、努力提升其为人民服务的社会责任感、勇于探索的创新精神，以及擅长解决问题的实践能力。以人为本，把德育放在首位，把能力放在第一位，这是素质教育的核心内容与根本要义。育人为本是教育的基本要求，将推动人全面发展、以满足社会需要为基本尺度，以促进学生健康发展作为学校各项工作的出发点与归宿。这些重要论述都体现了党和国家对人才培养目标的新定位，反映了党和国家关于加强社会主义精神文明建设和推进素质教育的最新成果，对于指导当前和今后一个时期的高等教育具有十分重要的意义。应注重提升学生学习、实践和创新能力，要对学生进行知识和技能教育，使其学会手脑并用、学习生存生活、学习做人做事，促使学生积极主动地去适应社会，着力培育和造就亿万高素质劳动者、千万专门人才、大量拔尖创新人才。我国大学的思想政治教育与教学，伴随着时代的发展而不断地发展、变化

---

① 徐志宏.思想理论教育教学论［M］.北京：高等教育出版社，2006.

着。素质教育恰恰推动了大学生思想道德素质的提高、科学文化素质与健康素质的和谐统一，进而实现"四有"目标。促进大学生全面发展是一条重要通道，素质教育的基本理念与客观要求，主导了高校思想政治教育教学模式的构建取向。

2. 丰富而多元的教学内容是高校思想政治教育的明显特征

高校思想政治教育教学内容主要体现在以下几个方面："马克思主义基本原理"教学注重马克思主义世界观、方法论，"毛泽东思想和中国特色社会主义理论体系概论"着重讲授马克思主义中国化成果，"中国近现代史纲要"主要传授近代中国抵抗外来侵略的知识，记录了人民解放的历史，"思想道德修养与法律基础"以开展社会主义道德教育为主、法制教育为辅。其中有理论性的，还具有现实性的，不仅强调了历史史实，并结合现世背景，集知识教育、思维训练，情感陶冶于一体。这就要求高校思想政治教育工作者要根据学生实际情况，从不同角度选择适当的教学方法和途径，使之成为一个整体。丰富的教学内容、多样的具体课程目标，决定了高校思想政治教育教学模式不能单一化、雷同化。要使课堂教学达到预期效果，就应当根据不同类型、不同层次、不同专业特点，选择相应模式。没有哪种单一的教学模式能够被应用到全部的课程中去，也没有哪种单一的教学模式能够被应用到一切教学过程中去，一定要因课制宜、因内容制宜、因教而异，对教学模式进行科学设计。

3. "五位一体"是高校思想政治教育的突出特点

政治性、科学性、实践性、针对性和育人性，是高校思想政治教育工作的突出特点。

（1）政治性。党和国家十分重视思想政治教育工作，从某种意义上来讲，它是党和国家建设社会主义国家的有力武器。高校思想政治教育不仅担负着为国家培养人才的责任，同时还肩负着巩固社会主义制度的责任。也正是高校思想政治教育自身的这些特点，使其具有了较强的政治性。

（2）科学性。高校思想政治教育肩负着传授马克思主义的基本知识的各种使命，而马克思主义基本理论知识本身具有较强的科学性、严谨性，这也就迫使高校思想政治教育具有较强的科学性。

（3）实践性。在开展过程中高校思想政治教育必须重视与社会生活相结合。高校思想政治教育教学既要传道授业解惑，又要重视引导学生道德实践，从而使学生真正掌握教育学习方法，让学生对学习有一个更深层次的认识。此外，在教学的过程中，教师自身便是一个重要的教育材料，教师要通过以身作则、树立榜样等方式提升学生的综合素质。

（4）针对性。我国高校思想政治教育的开展并不是毫无依据的，其教学活动的开展旨在解决当前我国社会中的各种现实问题，与此同时也针对当代大学生的思想状况，有针对性地进行教学，从而使大学生形成健康的思想。

（5）育人性。在高校开展思想政治教育，必须坚持以科学性为根本保障，以实践性为基本依托，以育人性为最终价值追求。以育人性为宗旨，是各项工作的立足点和落脚点。从"五位一体"高校思想政治教育教学的特点出发，高校思想政治教育教学模式的设计与实施首先应保证政治方向的坚定性与正确性，其次应注意逻辑关联的严谨性与科学性，再次应加强理论与实践的有机融合，最后应充分以学生学习需求为导向，并应以人才培养为最终目的。

只有把握好高校思想政治教育教学的独特性，高校思想政治教育对其教学模式的建构才能有针对性和契合性，才能做到有的放矢。

（二）高校思想政治教育教学模式建构的主要原则

高校的思想政治教育具有智育课与德育课的双重属性，它既有严谨的科学性，又有丰富的知识性，还带有很强的政治性、思想性。因此，高校思想政治理论课教师要根据不同专业特点选择相应的教学方法，采用多种途径来加强对学生的思想品德教育。思想政治教育工作具有特殊性，确定其教学模式的构建以符合一般课程的基本要求为前提，同时也要符合特殊原则与要求，从而不断提高教学实践性，增强教学吸引力、说服力强，提升教学效果。

1.科学性原则

科学性原则表现为两方面的内容，一是教学内容，二是认识过程具有规律性。要根据高校思想政治理论学科与课程的独特内容设计教学体系，保证内容正确，且具有科学性。同时，要对大学生学习认知规律进行全面研究，根据教学目标科学分类体系，安排并落实教学内容、教学资源、教学活动与教学评价等，实现教学目标。我们在此所提及的教学目标并不仅仅是知识目标，更是感情、能力目标，其核心是培养非智力素质。

2. 主体性原则

教学模式的构建与"怎样育人"有关，"以人为本"思想政治教育的实质与原则，决定了以"学"为主的高校思想政治教育模式。坚持以人为本的原则，就必须正确地抓住人的"本"字，对人类内在本性和外在展现的整体把握才是最重要的，要真正把握好思想政治教育的着眼点与落脚点。人类内在本质有三层含义，即自然本质、社会的本质与精神的本质，其外部呈现为"三位一体"：作为自然存在物，它反映了人类本能；作为一种社会存在物，它反映了人类本质；作为一种精神存在物（亦叫文化存在物），它反映了人类本体。这三者相互联系、相互作用而形成一个统一整体——精神世界，它构成了人之"本"的基本内容与主要特征。以人为本，以人为先。人类精神本体是对自然本能与社会本质的超越，就是生命所追求的至高境界。"以人为本"就是要把人看作是一个完整统一的有机整体，从更高层面上理解和处理人与自我、他人及自然界之间关系问题。"以人为本"是当前高校思想政治教育教学工作的逻辑旨归。

坚持主体性原则，是对学生主体利益与需要进行充分的考虑；要坚持以学生为本，信任学生、尊重学生、依赖学生、发展学生；要坚持以学为本，重视学、在乎学、投身学、为学而学。思想政治教育不仅要对学生政治素质进行培养，还必须培养他们的思想素质，既要对他们的道德认知起到促进作用，还应提高他们的道德情感，也要塑造他们的道德品质。

3. 实践性原则

教学模式构建的实践性原则建立在两大逻辑基点之上，首先，教学模式具有实践特性；其次，思想政治教育教学具有实践性特点。教学模式源于实践，并要被应用到实际工作中去。从这一意义上讲，一方面，理论研究和实际工作都需要对教学模式进行反思和改进，以适应社会发展要求，所以实践性在教学模式中具有重要性质。另一方面，实践性也是思想政治教育教学中的本质特征。在思想政治教育中，实践性教学是理论知识内化和外化的媒介，也是提高教学针对性和实效性的重要手段。从这个意义上讲，研究和探索如何提高高等学校思想政治教育教学质量，就不能不重视对其实施实践性教学改革问题。从实践性原则出发，构建高校思想政治教育教学模式，应强调理论联系实际，特别是加强思想政治教育在实践育人生活中的作用与成效，提高教学吸引力、感染力，激发学生主动认识、主动学习的兴趣。因此，构建以社会需求为导向的综合性、开放性、主体性的思想政治理论课实践教学模式势在必行，既要从大学生现阶段思想实际出发，还要瞄准目前国际上、国内经济社会的现实，又要考虑高等教育教学发展实际情况。同时要注意加强对教师的指导，以确保该模式能够有效地发挥其应有作用。在具体实施该模型时，必须突出操作性，才能实现借鉴、移植、普及与复制。

4. 有效性原则

最佳教学模式是指在某种条件下，为实现某一特定目标而采用的效果最佳的模式。高校思想政治教育必须适应新形势，探索新模式，以提高其实效性。素质教育在高校思想政治教育中具有统一的目的，有效性是评价思想政治教育效果的一个重要标志。高校思想政治教育的每一门课都比较完备、自成一体，有其特有的教学内容，甚至在相同的课程中，还会以教学对象、教学环境与条件差异为目标，采用不同教学模式进行教学活动。因此，高校思想政治理论课的教学模式具有明显的差异性。不但如此，因为教学内容多种多样，学生水平具有多层次性，教学模式的多样性，也就成了高校思想政治教育教学中不可避免的问题。同时，为了实现思想政治教育目标，还需考虑到教学方法和手段对教学质量产生的影响，所以说，高校思想政治教学具有一定程度的复杂性。实现统一目标和多样教学模式的共通，要求坚持有效性原则，在有效教学理念的引领下，加强教学模式应用的针对性与可变性，并在合适的工艺、工具与方法下，进行符合课程特点与学生需要的教学改革。所以，加强管理、完善制度势在必行。要建立评价指标，实现思想政治教育教学向科学化、制度化方向的发展，并使之有步骤地实施，从而激发学生参与到教学中去。

科学性、主体性、实践性、有效性是思想政治教育教学模式建构的重要原则，只有遵循这些原则，高校思想政治教育教学模式的探索才能取得实效。

（三）高校思想政治教育教学模式解构

根据前面对教学模式的构成要素、高校思想政治教育教学的独特性、教学模式建构的原则要求的分析，高校思想政治教育的教学模式包括五个具有特定内涵的基本要素，下面分别解析。

1. 教学理论

作为教学模式的理论根基——教学理论，它直接决定了模式建构的思路与实践。教学理论作为一种知识形态存在于教学活动之中，并在教学活动中起作用。教学理论是理论科学和应用科学的结合体，它在教育教学活动中具有指导地位，并为教育教学改革提供了理论指导与方法支持。教学理论是一种专门研究教学活动及其规律的学问，其产生与发展有着自己独特的道路。通常情况下，教学理论的形成并非一蹴而就的，它需要经历一个漫长的过程，并在这个漫长的过程中，不断总结教学经验，进而形成、完善教学理论，在这个过程中系统化是教学理论形成与完善标志。国内较早探讨教学理论问题的专著有《学记》。该书从认识论角度探讨教学规律，提出"学然后知不足，教然后知困"[①]。德国教育学家拉特克、捷克教育家夸美纽斯二人是最早使用教学论这一词的，而夸美纽斯的著作《大教学论》的问世，也正式标志着教学论的形成，他提出了一系列关于教师与学生之间关系、教学方法以及教与学规律的重要观点。在赫尔巴特教育学中，教育性教学处于中心地位，他将道德教育和学科知识的传授统一于同一教学过程之中，与此同时他也提出了著名的教学形式阶段理论——"清楚、联想、系统和方法"。构建高校思想政治教育的教学模式，必须以相应的教学理论为基础，它不仅反映了科技的特性，也符合认知规律。乔伊斯的《教学模式》一文中，如建构主义、元认知理论、支架论、近期发展区理论等，都适合各种教学模式。[②]这一观念，以及这些理论，为我们进行高校思想政治教育教学模式建构提供了思路。

2.教学目标

教学目标是教学模式的统领，目标科学与否，决定了教学模式的方向和成效。高校思想政治教育教学目标是在特定条件、特定环境之下，人们对课程教学效果的期望。因此，高校思想政治教育要达到预期目的就必须以明确的教学目标为前提。高校思想政治教育教学目标通常由知识目标、情感目标、能力目标、素质目标、教育目标与成才目标六个方面构成。所谓知识目标，是指除对学生进行马克思主义世界观、方法论教育外，还让学生得到有关的感性知识、理性认识。情感目标是指通过课程教学，激发学生对社会生活中各种现象的兴趣，培养学生积极健康的情感体验。能力目标指通过课程内容的学习，使学生具有基本的观察事物、思考问题的技能，并能用这些技能去指导实践活动。素质目标指对学生进行政治

---

① （西汉）戴圣．礼记［M］．沈阳：万卷出版有限责任公司，2019．

② （美）Bruce Joyce，Marsha Well，Emily Calhoun．教学模式（第七版）［M］．北京：中国轻工业出版社，2013．

思想、文化科学知识以及道德品质等方面的教育和训练。教育目标是指以课程教学的方式，教学生如何了解社会、了解生活，如何做事情，如何为人处世，如何思考问题，如何形成科学世界观、人生观与价值观。成才目标是指以课程教学为手段，以达到造就全面发展人才的目的，为建设有中国特色的社会主义培养建设者和接班人。概括地说，高校思想政治教育教学目标是由近及远、由知到行的循序渐进的过程，其知、情、意、行是有机统一的。

3. 操作程序

操作程序是一套活动系统，用于规定课程教学的时序和安排，以促进学生的学习和发展。确立课程目标的首要步骤在于确立总体目标和具体目标，这是不可或缺的步骤。课程内容是课程的核心部分，也就是课程计划中确定的主要内容。教学计划的制定需要有所依据，通常情况下其主要依据是教学对象与教学目标，同时教师在这个基础上精心挑选教学内容，并设置科学合理的教学过程，对学生课堂学习进行有效评价，以确保教学活动的顺利开展。教学管理是指对课程计划执行情况及结果所进行的控制与监督。教学方法与手段运用是实现课程计划的重要保证。总结考评对于教学具有十分重要的意义，它不仅可以为当前的教学进行总结评价，同时也可以为以后的教学优化提供相应的参考依据。

4. 实现条件

高校思想政治教育以保证课程教学目标为达成条件，其实现操作程序的依据主要有教学内容、人员、场地、器材、经费、教学安排、教学管理制度的配套等。从各种实现条件来看，教师教学投入与学生的学习积极性最为关键。在信息技术不断发展的今天，将计算机和多媒体教学设备运用到教学当中，是转变教学模式的一股重要动力。

5. 教学评价

所谓的教学评价主要指的是教育工作者将教学目标作为教学活动评价依据，并在此基础上对教学过程、教学结果进行全面的评价。一般情况下，教学评价方法主要有两种：一是定量评价，二是定性评价。另外，从评价性质上来讲，可以将其分为终结性评价和形成性评价。就高校思想政治教育的教学评价来说，形成性评价要更加注重定性。由于素质教育课程教学目标更具主观性、形成性，素质教育教学评价绝不是掌握了知识就可以显示出来的，只有将课内与课外乃至校内与校外相结合，结合大学生在校期间与毕业多年行为表现进行跟踪评价，才是教学评价正确的发展方向。

基于上述高校思想政治教育教学的独特性、教学模式建构的原则，以及对五个要素的分析，我们对高校思想政治教育的教学模式进行分析。根据教学模式的构成要素，高校思想政治教育的教学模式分为五个部分：

（1）教学理论。从某种意义上来讲，教学理论为教学模式的形成与发展提供了基础，其对教学模式的作用十分大，可谓能直接影响教学模式的稳定性与可靠性。也正是由于基础理论的重要性，在不同教学理论的情况下，会形成不同的教学模式，现阶段常见的教学理论有很多，如元认知教学理论、建构主义教学理论等。

（2）课程教学目标。一般情况下来讲，课程教学目标对于教学模式而言，其意义也十分重要，它是思想政治教学模式的顶端部分。从某种意义上来讲，课程教学目标也对教学模式产生了一些直接的影响。此外，课程教学目标也在无形中引领教学模式前进的方向。当前，高校思想政治教育的教学目标就是培养社会主义事业的建设者和接班人。

（3）教学模式是以教师为中心、以学生为主体，并将两者联结在一起的教学策略所组成的双向互动教学系统。教学策略就是教师所运用的教学方法、艺术、手段等各方面内容的有机集合。

（4）以教学系统外围为实施条件，按其在教学过程中的作用大小，我们可以将其进一步划分为虚实结合两大圈层，实线以内部分是教学情境，就是课程教学这个"小环境"，也可以称"内环境"，如师生关系、教材、教案等；虚线里面的一部分是教育环境，就是课程教学这个"大环境"，也可以称"外环境"，包括教育政策和社会风气。

（5）教学评价就是一个对课程教学目标、教学实施效果等进行评价、反馈的过程，在这个过程中，教师可得到反馈，并进行改进与完善教学。基于对高校思想政治教育教学模式结构的认识，我们能更加清晰地进行历史回顾。

第二节　高校思想政治教育教学模式存在的问题

一、传统教学模式的主要问题："三个不足"

中华人民共和国成立以来，我国高校思想政治教育在培养社会主义合格建设者和可靠接班人方面起到了卓越的作用，并取得了宝贵的经验，其课程体系得到了持续的优化，教学改革循序渐进，但是教学模式的转变还远远没有完全到位，相关问题仍然比较突出。高校思想政治教育徘徊于"变"和"不变"的关系中。其中"变"体现在课程体系上，"不变"表现在教学模式上。

（一）灌输的科学性

高校思想政治教育以立德树人为教学目标，有助于使大学生政治方向变得清晰，也有助于其坚定政治信仰、坚守政治观念，并能使大学生真正成为一个有助于社会发展的人。以意识形态性为引领，开设高校思想政治理论课，是保证思想政治教育主阵地稳固的坚实基础和必要保证，更是深入践行社会主义核心价值观所肩负的光荣任务与重大课题。

中华人民共和国成立以来，高校思想政治教育坚持马克思主义理论的主导地位，不仅从思想认识上保持完整的态度、对马克思主义科学理论有准确认识，同时在教学实践中，还坚持以马克思主义（包括中国化的马克思主义）为思想政治教育教学的核心内容。但是，在坚持灌输理论的过程中，高校思想政治教育经历了曲折与反复，甚至走入歧途，存在教条主义、严重扭曲等情况，直到改革开放后，才逐渐走上科学化道路。其原因是多方面的，既有历史因素，也有现实原因。

中华人民共和国成立以来，我国高校思想政治教育经历了 7 次课程调整，而这 7 次方案，不仅体现了我们党依据社会主义现代化建设进程在各个时期所表现出来的新形势、方针和政策，它还涉及中国马克思主义理论发展过程中所取得的崭新成就，在教学内容上保持时代性、创新性。在更新课程体系与教学内容过程中，思想政治教育教学手段也由传统"注入式"理论灌输转向"启发式"价值引导，教学手段由单一化转变为多样化，高校思想政治教育工作日益重视与新形势、新媒体相适应的需要。

　　自"05方案"出台后，很多大学都根据自己的情况，探索符合教学规律的方法以及符合学生的心理需求、符合学生实际需求教学模式，例如北京大学专题式教学、大连理工大学案例教学等，这些都在无形中掀起了我国高校教学改革的高潮。但相对于教育信息化的历史发展过程，高校思想政治教育信息化建设并不是十分的完善，顶层设计、建设要点、共享机制与教学的整合方面还存在缺陷，具体表现为：第一，现阶段高校思想政治教育信息化建设并没形成系统化局面，其呈现出自发性、零散性的特点，也正是这一原因，在无形中增加了信息化建设的成本；第二，高校思想政治教育信息化建设未能明确其建设重点，为此无法形成合力；第三，目前，高校思想政治教育信息化建设过程中，一些优质数字资源还未形成共享机制。在高校思想政治教育信息化建设过程中，政府公益性和基础性作用没有体现出来，分工协作不明确，协同推进效果不理想；第四，教师对于信息化教学掌握不到位，在认识高校思想政治教育教学和信息传播方式的关系上还存在错误，顾有余而忧不足，且他们对于信息化教学心有芥蒂，教师和学生间数字鸿沟还没有彻底跨越。

　　当前我国社会正处于深刻变革时期，各种思想观念相互碰撞，影响着大学生的世界观、人生观和价值观的形成。所以，我们要坚持马克思主义对意识形态的统治，紧密联系实际，深刻剖析大学生思想特点、心理特点，循序渐进，提高灌输科学性。就灌输内容而言，不仅要顺应时代变迁，持之以恒地开展社会主义核心价值观教育，还要根据新形势下大学生思想实际与现实需要，帮助他们形成良好的、健康的心灵品质。就灌输主体而言，要全面尊重学生接受主体地位，强调他们的参与性与自我教育的重要性，让他们主动地接受应用灌输所传递的内容。同时要充分发挥教育者自身素质优势，通过多种方式来加强对大学生的思想政治工作。就灌输手段而言，要运用信息技术，一改自闭式单向交互为开放式多向交互，从强迫、半强制灌输向积极的正面引导转变。在灌输方式上，要采用多种途径、采取多种形式开展灌输活动，以实现全方位、多角度、多层次、立体化的立体灌输。也就是说，唯有掌握灌输含义的科学性、灌输目的的二重性（接受性和批判性）、灌输对象主体性、灌输内容人本性、灌输过程具有体验性、灌输方法多样、灌输效果相依性等"七要义"，才有助于高校思想政治教育有效性的提升。

（二）学生的主体性

1.课程教学目标仅关注学生低阶能力的培养

低阶能力又被称为低层次的认知水平，它指的是在学习事实性知识或完成简单任务时，运用低阶思维来完成记忆任务和解决良构问题的心理特征。进行机械接受式的学习，需要运用低阶思维，以达到更高层次的认知和理解。低阶思维具有明显的短暂性特点，因而不易被人觉察。低阶思维是一种消极的思维形式，它使人缺乏创造性、批判性与独立性，容易陷入被动、僵化和低效的状态之中。在教育信息化快速发展的时期，像这样低阶的学习方法在现代的教学环境下，明显显得力不从心，这主要是由于信息化教学环境下，知识更新率十分快，粗略估计每年的知识更新率高达80%。因此，在高校开展以培养高阶学习为导向的课程教学改革势在必行。

2.重知轻行的价值取向

高校思想政治教育在理论和实践上都有着明显的分离、知能脱节等问题。中华人民共和国成立之初，教学中带有鲜明的教条主义色彩，只重视知识，不重视实践。在社会主义建设时期，我国提出了"坚持启发式，取消注入式"教学[①]，与此同时也对讲授、读书、讨论在教学中的比例进行了详细的规定，其比例为2：2：1。究其原因，那时候教学太注重讲授，但是，这项条款存在着两个显而易见的问题：其一，读书与讨论仍是纯粹的精神实践；其二，历史的原因，这一规定并没有得到真正的执行，成了一句空话。改革开放后，课程教学模式变的灵活多样、启发式强、参与式教学模式又被重视起来，将现代信息技术运用于教学，受到了人们的极大重视。这些都表明，当前我国高校的思想政治教育正朝着更加注重学生能力培养的方向发展。但是总体上高校思想政治教育注重理论、轻视做法的情况仍然屡见不鲜。当前高校思想政治教育在教学安排上，仍然是理论教学占主导地位，已有的实践教学安排也因为种种原因难以全面实现。高校思想政治理论课程教学中突出的问题是教学内容过于理论化，教学方法缺乏灵活性。据调查，学生不喜欢思想政治理论课的原因，排在第一位的是"教学内容理论性太强而缺乏实际意义"，理论性越高的课，接受程度低，学生特别抗拒枯燥乏味的说教，了无学习兴趣。因此，如何提高思政课的吸引力和感染力就显得非常重要。新时

---

① 张勤.慕课时代高等院校教学改革模式研究［M］.北京／西安：世界图书出版公司，2017.

期的大学生在获取信息时，其认识的方式也在逐步改变，他们倾向于借助新形式信息载体接受知识，学生要求教学形式多样化。①

3. 高度依存的师生关系

教师在教学过程中总是居于知识权威地位，学生处在一个依存的地位。在这样一种师生之间相互排斥、相互对立的状态下，课堂教学必然会失去生机，也无法实现真正意义上的有效教学。"权威—依存"关系，直接促成了教师对权力的绝对掌握，学生成了被"灌输"的"容器"，只能被动地接受老师的"一言堂"和"满堂灌"，没有主体性，没有积极性，这种以"灌输式"为主的教学方式严重制约了学生思维与创造力的发展。受传统教育方式影响，学生已经习惯了被动接受的状态，有的连上课举手发言提问题这样简单的事也不会做，更不用说创新了。所以，高校思想政治教育难以积极参与该课程的教学。②

4. 机械接受为主的学习方式

学生学习方法机械，而非积极主动地进行"意义建构"。机械地接受学习使学生丧失了自我体验和主体性的丧失。现状调查还显示，在高校思想政治教育以机械接受为主要特征的学习模式下，学生呈现出显著的功利化特征、被动化的趋势。

（1）学习的目的功利化。学生上好思想政治理论课，有三个目的：一是为了"提高思想道德修养"或"了解国情、民情，拓展知识面"，二是为了"修学分"，三是为了"求职是有帮助的"服务。

（2）研究选择的理性化。思想政治理论课师资遴选标准趋向合理，很多学生在教师选择上采取"没关系，选了就可以了"的态度，也有些学生把老师给出的考试分数高不高作为衡量标准，而且课堂管理严的老师是最不受学生欢迎的。

（3）学习行为的被动化。大学阶段是培养自主学习者意识与能力的关键期，也是形成积极学习态度和主动学习策略的关键时期。在成长的过程中，学生学习行为日益呈现出被动性特征。学生对于讨论这一高度参与的活动并无多大兴趣，专题讲座、多媒体教学这种被动的学习方式比较受欢迎，学生在学习过程中呈现出一定的被动性，对信息技术具有依赖性。

---

① 南京理工大学 2012 年思想政治理论课教学调查．
② 黄爱华．新生研讨课的分析与思考［J］．中国大学教学，2010．

（三）课程学习的弹性

1. 学习内容不够开放

学习内容开放包含学习内容自身的开放性与学生选择学习内容的自主性两部分。从现状看，大学在以上两方面的"开放性"方面均有欠缺：第一，课程内容褊狭；第二，选课难。课程内容褊狭，即课程内容限制性太大，缺乏弹性与适应性，具有知识面窄、适应性差等特点；内容老套，不能适应社会发展需要。因受专业对口的思想影响，我国高校传统教学多是围绕专业目标进行教学，而且过于精细的专业划分，也加深了各专业间的障碍，也使各个专业课程体系变得孤立。不仅如此，同专业领域中各课程内容重复的情况还为数不少，这样的反复，在客观上还会降低学生所能摄入的知识量。虽然我国在 20 世纪 90 年代，便开始实行了高等教育改革，开始逐渐重视对学生综合素质的培养，但是专业教育的影响至今仍未消失。在目前社会对人才需求多元化的情况下，传统单一的课程结构已经不能适应时代发展的需要。在我国高校中，存在着一种普遍的现象，即课程内容已经过时陈旧。许多教师对教材内容进行了大量修改和补充，但是，其内容更新不及时。这就要求教师在教学过程中不断地更新教材内容，使之适应时代发展的需要。与其他学科一样，高校思想政治理论课的教材滞后问题也凸显出来。这种状况不仅使教师教得累，学生学起来也十分难，而且影响了教学效果和人才培养质量。有人曾言，我们现在是以昨天学习到的知识教授学生。这固然与教育改革有关，但是教材内容滞后于时代发展的现状却是一个重要的原因。全国性统编教材的修订周期过长，导致教材内容无法跟上时代的步伐。在过去十几年间，全国范围内已经出版或即将出版一批新的统编教材，但与之相对应的高校思想政治课教材内容却没有相应变化。此外，现阶段一些教师在教学中缺乏激情与热情。

2. 教学安排过于刚性

单一班级教学组织方式、教学设计程序化、僵化统一的安排课内教学等，使研究缺乏伸缩性；另一方面学生利用课余时间进行学习，缺乏主动性，大学生选择权利和选择能力很难实现和谐统一。"粉笔＋讲授"的传统教学仍然是高校思想政治理论课的主流模式，课堂教学太呆板，课堂行为太简单，师生交流严重缺乏。这种情况下，教师往往以自己为中心，忽视了其他学生的需求和感受，导致部分学生无法得到应有的关注，从而降低了学习效率。这种情况在以后的发展过程中并没有得到实质上的改善，班级规模不断扩大，使小组式教学、个人化学习方式较难落实。教师也普遍感觉到，这种以灌输为主的教学方法并没有收到应有效果，甚至还可能产生新的问题。信息技术的引进，也并没有给这门课的教学方式、学习方式带来实质上的变革。这一切都表明，当前大学生的学习仍然处于被动状态，他们还没有真正从学习活动中解放出来。随着社会信息化进程的加快，传统教学已经无法适应信息时代人们对于信息素养要求的提高。因此，教学改革就变成了教的改革，而非学的改革，变成了以教师改革为主，不以学生为中心。教育改革在一定程度上仅是教育主管部门、高校领导与教师之间的事，与学生无关。在教学实践过程中，一些教育者总是自觉或不自觉地将自己置身于"主体"位置之上，把学生看作被动接受知识的对象。这一厢情愿、不听学生心声的做法，往往因缺乏学生热心参与，难见明显效果。事实上，在现代高等教育领域里，学生是最有价值的资源。在学习活动中，学生处于中心地位，他们应该是高校各项工作中的"中心"。但是，学生"中心"地位在现实情境下得不到充分体现，"以人为本"这一教育理念没有落到实处。

　　笼统地说，高校思想政治理论课在要学生学什么、怎么学、什么时候学、以何人为"中心"等方面，都远远不能适应弹性学习的需要。教材统一、教学大纲统一、教学安排统一，加之比例不够、师资短缺，学生在学习内容、时间、进程和方式上都无法取舍，也无法挑选教师，思想政治理论课学习基本上处于高度"计划"状态，整齐划一、缺乏变通。这种状况不仅不利于提高教学效果，而且会导致学生学习效率低下，相应的学习效果较差。从课程教学与学生学习的维度分析，这种教学远远不能适应弹性学习提倡的灵活和自由。特别值得关注的是，从以上几方面来看，教师与学生之间也存在认识上的分歧。在教师看来，学生要有固定的学习内容，他们习惯了"满堂灌"式课堂教学，他们生来就是被动的。学生则不然，他们渴望被理解、被尊重，他们往往因其主动需求被忽视而感到压抑。在课堂上，教师总是试图通过各种方式来激发学生的学习动机，但是效果并没有达到预期目标，有时甚至适得其反。因此，教师和学生怨声载道。在这种"争执"之中，学生常常处在被忽略的位置上。

二、问题的成因：观念体制机制的"五大制约"

（一）传统教育思想

在我国的高等教育领域里，许多问题都可以归结为观念问题。体用不一致的方法论错误，是造成我们重形式的变革，而非在本质上转变观念的一个重要因素。因此，在高校改革的过程中，不能只重视形式而忽视内容。高等教育改革的此类事例，可以说是数不胜数了，特别是在管理制度上进行的改革，比较突出。这些制度改革都有一个共同特点，那就是在一定程度上强调了学生的个体价值和尊严。如改革学分制、弹性学制，它最初的目的是还给学生们更多的自由，促使他们个性发展、实现自我。在这种背景下，高校教学管理部门的工作重心应该放在培养什么人和怎样培养人上，从而达到真正意义上的"育人"目的。改革的核心思想，就是要重视学生的个性，要解放学生。这种理念在西方国家早已深入人心，并已被实践证明是行之有效的教育方法之一。然而实际状况又是怎样？一方面学生的自由程度在提高，另一方面学生又面临着许多困惑和难题，如学分与就业的矛盾、课程设置难等问题。部分高等教育主管部门领导及各院校管理者，因过分习惯并依赖学年制整齐、整一的管理模式所带来的便利，不愿意或者迟迟难在思想上改变自己的认识。于是，他们便以各种理由拒绝进行教学改革。这就是当前高教管理体制改革过程中面临的一大难题。一方面，改革刻不容缓，有些具体做法已投入运作。另一方面，思想观念严重落后。在这种情况下，他们不得不把眼光投向学分制本身。情急之中，诞生了一种折中之法——学年学分制，它不仅迎合学分制改革大势，也没有动摇现有根基，还"维护"了大学里所谓的安定。教育改革，首先要在观念上进行改变，接着对有关制度进行增补。从某种意义上说，如果没有思想解放和观念更新的过程，就不会有真正意义上的高等教育改革。唯有从上到下，才能使我国高等教育改革逐层深化、逐层实施，而绝非走向反面。因此，我们必须把思想观念的转变放在首位。思想就是统率，当我们轰轰烈烈地开展高等教育改革之时，更要彻底改变观念。我们不能仅仅满足于在行动中懂得如何去做，更要在思想上理解其原因，增强必须这样做的自信与决心。

（二）人才培养模式

所谓人才培养模式，就是在一定教育理论基础上，以教育思想为指导思想，根据具体培养目标与人才规格，所构成的比较稳定的教学内容与课程体系、管理制度与运行方式。从宏观上讲，人才培养模式主要由目标体系、内容体系、方法体系、评价体系构成。说到底，人才培养模式注重培养什么样的人和怎样培养人。因此，人才培养模式既要考虑到学生在学校里所学知识的完整性、连续性及衔接度，又要充分考虑社会对人才需求的层次性，即要求学生掌握多学科或多种专业知识。我国现行的本科教育模式在一定程度上影响着高等教育大众化进程。传统本科教育观和以学生个性自由、充分发展为核心，培养全面发展高素质人才这一要求之间存在着尖锐矛盾。

弹性学习与主体间性理论的引入，在我国大学中面临着这样一种窘境。第一，传统人才培养模式束缚。在封建科举制度占统治地位很长一段时间内，考试内容限于儒家若干经典著作和华美诗赋，考试方式强迫人们死记硬背。应试教育难言不受科举考试传统及其相应教育模式影响。学生的学习被牢牢禁锢于有限的几门课，学习成为一种应对考试的手段，学生在学习上很难有自由。第二，计划体制长期作用。在这样的制度中，高等学校以专业为单位招生，按照统一教学计划进行训练，学生毕业时按计划分配。纵观大学的学习，学生都是被动的。由于教学要求特殊，高校思想政治理论课教学规定比其他课更严，它具有计划性、规范性要求较高的特征。结合弹性学习、主体间性理论也是和我国几十年的学术标准相抵触的，所以，在传统人才培养模式未进行根本改革之前，学生无法享受到真正意义上的主体性，也无法获得弹性的学习空间，强制性灌输盛行。

（三）校内体制资源

高校传统教学管理模式下，学生都是在固定时间内、固定地点，统一上必修课、选修课，学习的方法也很单一，考试形式主要是闭卷统考，重共性、轻个性。教师教得辛苦、学生学得痛苦，教学质量难以保证。传统的刚性管理与柔性管理并存的模式使教师缺乏主动性和创造性，不利于调动学生自主学习的积极性，影响教学质量提高。近几年来，尽管在学分制推行的情况下，高校在教学管理方面得到一定程度上改善，但是，对管理体制进行系统改革，任重道远。从长远发展看，必须以"以人为本"为理念，只有坚持学生自主管理与教师主导指导相结合，才能从根本上解决当前存在的问题。要以信息技术为依托，改革弹性学习。如果主体间性需要凸显，学校既要从教学设施和师资队伍两方面进行硬件建设，也要从教学管理制度上、教育教学观念上进行全面的提高，其关键在于设置足够量的课程与教学资源，并形成灵活多样教学选择机制。

（四）教师教学理念

在教学中，教师处于主导地位，他们是否主动地参与教学改革，直接关系到教学改革能否顺利进行。但由于长期以来受客观主义教学倾向教学理念影响，想要改变当前教师的教学境况十分困难。客观主义教学理念知识观认为知识是一种客观存在的事物，当然也是可以被转移的，教师主导地位坚不可摧，它作为一种教学权威、教学理念深入人心，难以动摇。因此，教师往往将自己视为唯一的教学活动中心，把课堂教学看成是一个纯粹为完成任务而进行活动的过程，忽视了对学习者学习能力和情感态度等方面的培养与引导。在这样的教学环境下，教师处于主导地位，学生只会被动地接受老师所提供的内容，"粉笔＋课堂"成了一种典型模式。随着教育信息化的发展，越来越多的高校教师开始关注信息技术与学科课程整合这一课题，并尝试着把它作为提高课堂教学效率、实现素质教育目标的有效途径。教师会自觉或不自觉地把更多的精力用于科研工作，由此造成了教学中精力投入的缺失，教师普遍不重视教学质量，改革动力不足，兴趣不浓。

（五）学生选择能力

在教学改革中，学生是最受益的群体，他们本应对教学模式的转变有很强的需求。但我国大学生对学习自由不但没有信仰，即便是对本应享受的权利，也没有足够的驾驭能力。导致这种现象的因素主要有：第一，刚刚步入高校的大学生在生理和心理上都还没有充分成熟，他们对生活的看法、价值观亦未定型，他们也缺乏自我选择和自我设计的能力。第二，受到应试教育的冲击，学生缺乏学习自由，缺乏自我主体性的理解与自觉，也难得有机会、有经验可供选择。第三，学校缺少对学生的学业指导。因而，面对学习改革，学生不是害怕选择，就是不知道怎么选，也不知道该如何抉择，显得茫然、不知所措。也正由于学生对学习自由与个体自主信念不足，高等学校的教学改革，很难听到他们的召唤与参与。

那么在信息技术高度发达的新时代面前，高校思想政治理论课教学模式的转变方向是什么？让我们把眼光由"教"转向"学"上来。

第三节　高校思想政治教育教学新模式

一、高校思想政治教育立体化教学模式

（一）高校思想政治教育立体化教学模式概述

在网络化、信息化的今天，高校要根据当代大学生自身特点，增强思想政治课的实效性。我们在教育教学改革和实践中，大胆地开展，并对立体化教学模式进行了探索，效果明显。

1.高校思想政治教育立体化教学模式的内涵

立体化表现在空间三维效果上，在高等教育中实施"立体化"教学模式是一种全新理念。立体化教学，就是运用各种教学手段与教学方式，让教学过程中体现出"长度、宽度、高度"全方位模式，并整合各类教育资源，做到理论联系实际，实现最优化教育效果。所谓思想政治理论课"立体化"的教学新模式，就是指针对高校思想政治理论课的特点、规律与教学目标，坚持以人为本的原则，将学生当作是教学的主体，整合思想政治教学资源，形成课堂理论教学、实验教学和实践教学等全方位开展的教学新模式。

2.高校思想政治教育立体化教学模式的形成

（1）学生学习主动化

教师的主导作用和学生的主体地位辩证统一规律，是与教学工作有关的一种学说，它要求教学活动要以教师为主导，以学生为主体。对于教学过程，教师和学生都需参与。教师主导作用，主要指教师在课堂教学中对学生进行指导、加深知识点学习、激发课堂气氛、启发学生思维的系列活动等。因此，要充分发挥教师的主导作用，就要发挥学生的主体作用。以学生为主体，主要是指学生从被支配被动学习的地位中解放出来，积极主动地学习，自觉地学习。

（2）教学方式立体化

教学方式立体化是指根据不同的课程、不同的学生，采用多种教学方式，增强教学效果，它具有立体化教学方式等特征。高校多以课堂教学为中心，辅之以其他教学方式。

（3）教学资源立体化

传统教学资源以纸质教学课本、参考书为主，课本上的东西是比较固定的，而且参考书通常都是为课本而设计的配套教程，缺少一些灵活性，针对性不强。互联网技术发展，极大地拓宽了当代教学资源。电子教案、多媒体课件、试题库、多媒体网络课程等，均可以被融入思想政治等教学资源中。

（4）教学考核体系化

传统教学考核以期末书面考试为主，结合学生平时的成绩来评分。众所周知，思想政治教学目的，并不是培养一个能够记住理论知识的人，而是要使学生养成优良的道德情操，建立正确三观。高校也逐渐意识到，思想政治不应该简单地以分数来盖棺定论，应最大程度上加大主观试题在考试中所占比例，力求通过开放性试题，摸清学生思想动向，提高教学成效。

（5）保障机制立体化

立体化教学模式的变革，除要求教育主体、客体、载体与其他教育要素协同作用，还与相关保障机制的支撑密不可分。首先学校必须从思想、政策等方面对思想政治教学定位，在体制上为思想政治立体化教学改革提供物质保障；其次，思想政治立体化教学改革是个系统工程，涉及的内容有很多，如学校党政领导机构、教学机构等，在改革中应统一规划、统筹推进，搞好教学过程的人员、资金及后勤保障工作；最后，网络时代给立体化教学带来了多种教学资源，多媒体以它的鲜活、直接的特点，得到大学生的普遍认同。学生能够通过互联网获得大量有用的学习资源，可以利用多媒体网络技术，给思想政治立体化教学以物质资源保障。所以，应该对立体化教学改革进行技术支持。高校要重视对有关任课教师网络技术的培训，让他们灵活地利用网络这个平台，要在课堂上或者课堂下教育学生，及时回答并更新网络教育平台上设计好的有关题目，为学生提供疑难解答。

3.高校思想政治教育立体化教学模式的特点

（1）现实性和发展性的结合

"立体式"教学模式在思想政治教学中具有十分重要的作用和意义，它在无形中拉近了思想政治理论知识与学生实际生活的距离，提升了高校思想政治教育的有效性。通过立体化的教学方式，学生可以深入探讨理论和现实热点问题，从而在潜移默化中将教学内容融入学生的行为中。这种教育模式具有鲜明的时代性和实践性特点，有利于实现知识向能力转化、提高教学质量、增强教学效果。此外，立体化的教学模式能在传统教学模式的基础上不断创新，充分发挥长处，避免短板，不断提升教学的实践性，为学生创造一个立体性的发展空间。

（2）目的性和手段性的综合

思想政治教育只有通过明确其目的才能真正发挥出自身功能作用。我国思想政治教育在这一阶段的终极目标是促进人的自由全面发展和和谐社会的建设。这就需要在高校思想政治理论课程中贯彻以人为本的基本原则。思想政治教育作为一种实践活动，它本身就包含着对社会成员进行思想政治教育的功能。所以思想政治理论课"立体化"教学模式就是为了达到思想政治教育的根本目的而提出来的。它是一种以教学理论与实践相结合为主线，在教师指导下，学生自主学习、主动参与，并通过多种渠道获取知识、提高能力，培养创新意识的教学方法体系。此外，借助某种手段来实现某种目的也是人有意识地进行对象性活动所表现出来的基本特征。所以说，"立体化"模式就是在这一前提下产生出来的一种新型教学方式。立体化教学模式会打破传统，能够运用全方位、多层次、广覆盖、网络状等多种有效方法，争取达到事半功倍、富有成效。

（3）理论性和实践性的结合

思想政治理论课立体化教学模式将更加重视实践性教学方式，同时能把握课堂教学中的灌输理论和讨论理论。教师可以通过借助课外教学活动，将课堂教学与实践教学联系在一起，如开展校园文化活动、带领学生开展实地考察活动等；教师可以通过这些实践活动让学生对思想政治理论基础知识有一个更深层次的认识，提升学生思想政治学习的积极性和主动性。

4.高校思想政治教育立体化教学模式的意义

（1）对大学生思想政治理论教育进行全方位的正确引导

后现代思潮进入中国近三十年来，其理念主张与思维方式，逐渐渗透到中国诸多理论研究领域与生活方式之中。后现代社会所倡导的多元价值观和价值取向已成为当今我国社会发展不可忽视的力量之一，并正在潜移默化地改变着人们的世界观、人生观和价值观。后现代作为一个复杂的中国异质思维方式，对青少年的影响最为直接，给现行学校教育形成强烈冲击。因此，探讨后现代主义与高校思想政治理论教学之间的关系，并以其为切入点探索新时期高校学生思想政治教育的新举措具有重要意义。全球化，互联网的多元化文化与价值体系丰富了现代生活，同时带来交往缺失、信仰迷茫等问题，这一切都要求高校思想政治理论课程必须立足实际，使理论与实践相结合，构架立体化、全方位的教育教学模式，高度关注当代大学生的实际遭遇，并因势利导。

（2）克服了传统一维教学模式中存在的缺陷

传统思想政治理论课模式采取一维课堂理论教学模式，难以满足当前教学要求。因此，我们必须在课堂教学中引入多维互动模式。空洞说教和单一渠道无法让教学取得理想效果，甚至会引起学生的逆反心理。

想要将对思想政治理论的理解变为现实，就要提升思想政治理论课教学质量，这一点十分的关键。只有通过立体化的教学模式，高校才有可能真正找到问题、解决问题、发现大学生思想政治教育工作新规律、革新教学方法，并加强高校思想政治教育的针对性、实效性。

（3）满足大学生作为教学主体对理论的内化需求

大学生处在世界观、人生观、价值观渐趋成熟的关键时期，他们的思想活跃，且可塑性大。同时他们又具有强烈的自我意识，容易受外界各种思潮、观念和信息的冲击，从而出现种种心理偏差。人的本质，就是一切社会关系之和。所以现实社会之中，大学生思想行为将受多角度、多层次社会关系，以及多元文化与理念等因素的影响与制约，从而导致大学生在思想与生活方式上感到困惑彷徨。被动式传统教学模式仅仅是一个"教化"过程，无法"内化"自己对于理论的认识，很难使学生对复杂的社会现象、社会问题形成正确的价值判断与选择。

总之，在高校思想政治理论课中运用"立体化"这一新的教学模式，是塑造与培养大学生正确的思想品质的内在需要，是提高思想政治理论课教学实效性的有效手段，能够全面体现思想政治教育基本原则。

（二）高校思想政治教育立体化教学模式的运行

1.课堂教学立体化——改进思想政治理论课教学为主阵地的"第一课堂"

必须发挥思想政治理论课对大学生理论武装的主渠道、主阵地作用，同时也要充分发挥其主课堂的作用。当前，高校思想政治理论课建设面临着许多新情况、新问题、新挑战，需要我们从多方面入手加以改进和加强。一方面教师还是要继续发挥其课堂主导作用，精心设计课堂教学的内容。要正确对待求实性和前瞻性、系统性和层次性、阶段性和连续性、广泛的社会性和个人实践性的关系，切实做到知其然、知其所以然，并提升课堂的渗透力和感染力，除围绕基本知识点外，还应该采用课堂讨论、主题教育、案例教学等多样化教学方式，注重学生的课堂情感体验，寓理于物、情理交融，使大道理变成受教育者喜欢的小道理、实道理，使其受到潜移默化的熏陶。要善于运用现代媒体技术，以各种形式展示教材内容，将抽象的理论知识具体化，并应通过直观形象的再现来帮助学生理解、掌握知识，达到事半功倍的效果。这样可以改变过去那种"满堂灌""一维化"课堂教学的模式，使课堂变得生动形象，使得教学内容潜移默化、深入人心。另一方面，教师要关注学生主体性特征，激发学生的发散性、多样性思维与创新能力，调动学生的学习主动性、积极性。在立体化的教学设计上，要更加强化学生能力，以讲为主，以议为辅，指导学生重视并解决人们特别感兴趣的理论与实践问题。

2. 校园活动立体化——强化以社团、校园文化建设为依托的"第二课堂"

思想政治教育，就是培养人的实践活动，其最终目的是培养出特定社会要求的德智体美劳全面发展的人才。依托社团、校园文化，积极构建"第二课堂"，使"第二课堂"呈现出立体化、多面性及渗透性的特点，它负载了思想政治教育的某些功能，成为高校思想政治教育的另一个重要文化载体。一方面，学校可在社团的帮助下，开展各项学术、科研、文化、艺术及其他各种活动，进而将世界观、人生观、价值观的教育融入活动之中，并通过对学生进行爱国主义、社会主义与集体主义的教育，让学生从中学到知识，得到启迪，并且逐步将其内化为一种自觉行为；另一方面，高校要借助校园文化与校园环境的关系，创造并渲染浓厚的思想政治理论学习气氛，激发学生学习的兴趣，例如使用报纸、电台和网站等方式进行有关思想政治理论的宣传教育，也可通过举办演讲比赛、辩论赛等方式培养学生参与实践能力。校园里也可布置景观、雕刻、标牌等，在学生中起着潜移默化的影响作用。

3. 社会实践立体化——拓展与社会实践相结合的"第三课堂"

社会对学生来说是第二大高校，要延伸结合社会实践的"第三课堂"，把大学生与社会广泛联系起来。大学生在实践过程中受到教育、受到了锻炼，是改革大学生思想政治教育模式的一种绝佳形式。如：可组织和安排学生进厂、进企、进乡、进街、进社区，深入开展多领域、多行业的社会调查研究。大学也可建立一定的社会实践教育基地、革命教育纪念基地、改革开放的成果基地、企业经济发展的典范基地等，经常组织大学生在这些"基地"开展社会实践活动，撰写社会实践报告。要强化"基地"建设，使之成为思想政治理论教学中生动形象的课堂。高校通过社会实践活动，不仅能使大学生掌握更多的知识技能，而且有利于培养他们的创新意识、创新能力和创业意识，提高其综合素质。此外，实践课除了形式各异之外，也可结合科研进行研究，从而提高学生整体理论水平，增强其研究能力。

4. 教材体系的立体化

教材在高校思想政治教学体系中具有十分重要的作用，从某种意义上来讲，教材不仅是当下国家社会主流意识的集中体现，同时也为社会主义现代化人才培养提供了丰富的思想理论知识。在思想政治理论课"05 方案"中，我国将思想政治教材体系纳入马克思主义理论研究体系，并在此基础上形成了基本的教材，即四门统编课程教科书。众所周知，教材是高校思想政治教学内容的重要载体之一，教材体系的立体化也能在无形中帮助教师发挥自身在教学中的作用，强化教师在教学中的主导作用。此外，教材体系的立体化，也可以在极大程度上帮助学生加深对教学内容知识的理解，进而提升其高校思想政治教育水平。

5. 教学考核方式的立体化

教学考核就是考查学生对课程内容的了解程度、掌握程度以及实践程度，同时还能考核课程教学目的能否达到。因此，构建科学、合理的"两课型"教学模式就显得尤为重要。当前，不少高校对两门课程的教学考核大多采取平时成绩（占20%—30%）与期末笔试成绩（占 70%—80%）结合的办法。而教学考核方式的立体化，就是要在教学中打破传统教学考核的束缚，构建立体式的考核方式，从具体上来讲就是将课堂理论考核、课外实践考核、课堂表现、作业完成度等融合在一起，对大学生思想政治教育进行全方位、无死角的考核，全面反映学生的思想政治学习情况。

6. 教学质量评估体系的立体化

高校在开展学生学习状况调查时发现，大学生存在不同程度的厌学现象，其中一个重要原因就是缺乏有效的反馈机制。对于教学质量评估则主要表现在全面性上，既包括传统的教学评价，也包括多种适合教学内容及模式的评价。在日常教学活动中，应将"以过程性评价为主"作为基本原则。在学生评教的同时，也可通过教师自评与监督、专家评教相结合的形式对教学质量与效果进行全面的检测。同时应重视过程性的评价，即在整个教学活动中不断进行反馈调整，使教学效果更加符合客观实际，促进人才培养目标实现。从立体化教学特点来看，除考核理论知识点之外，也要考核实践效果。

　　总之，立体化教学模式是一种基于"05方案"精神实质和基本原则的创新模式，旨在满足新形势下的要求，对思想政治理论课教师提出了全新的要求和挑战。因此，要想使思想政治理论课成为大学生真心喜爱、终身受益的课程，就必须从教学内容到教学方法都进行全方位改革。为了加强和改进思想政治理论课的教育教学模式，教师需要进行教学理念的转变和教学方式的更新，以开拓思想政治理论教育的全新领域和方法。同时还必须注重培养学生良好的学习习惯、科学的思维方式以及高尚的人格修养和道德品质。唯有如此，方能使思想政治理论教育与时俱进，并显现出实际效果，从而充满生机活力。

二、高校思想政治教育的传媒教学模式

（一）微博在高校思想政治教育中的应用

　　微博作为一种较新的网络交流与传播工具，以其在沟通上平等、传播即时性强、内容个性化等特征，已深入到社会生活各个方面，在人们的日常生活中也发挥着日益重要的作用。

　　1. 微博及其对大学生的影响

　　（1）微博对大学生思想观念、行为习惯的积极影响

　　微博已成为大学生交流学习和互动的主要平台，给大学生的思想观念和行为习惯都带来了积极的影响。

　　微博对大学生的社会参与具有促进作用。在微博中，大学生同时也是信息接受者，还是信息互动者；既能及时翻阅各类信息资讯，也可时时关注时事热点、社会事件等，并能进行快速沟通，它大大地适应了大学生投身社会的需要。

微博对大学生表达思想、实现自我成长具有促进作用。大学生大多思想比较活跃，性格比较鲜明，愿意发表自己的意见，在微博这个媒体上，大学生不仅能够自由地表达思想、发表意见，获得别人的重视与肯定，还能记录下自己一生中的点点滴滴，在其自我成长中留下脚印。

微博可以帮助大学生拓展交际，认识好友。在微博空间中，大学生可根据自己的兴趣爱好任意挑选关注的对象，不断关注有关资讯，开拓视野，获得新的知识，也可采用交流互动，认识更多有相同或者相似兴趣爱好的朋友。

（2）微博给大学生思想观念、行为习惯等方面提出了挑战

微博在为大学生提供了快速接收信息的、表现自我的机会的同时，还给大学生思想观念、行为习惯提出了一些挑战，主要体现为使大学生的思想观念更趋于多元，对主流价值观形成不利。大学生正处在世界观、人生观、价值观尚不成熟的时期，受到微博上不良信息影响，容易失去方向，造成政治观点含混、民族意识淡薄。与此同时，微博上大量的信息十分复杂，其自身集中了有用的、有害的、真实的、虚假的特点，涉世未深的大学生，其思想简单，他们对虚假信息的鉴别力差，极易受其影响，各种负面信息会对其思想观念、身心健康、行为习惯等方面造成误导或者负面影响。

2. 微博视域下的高校思想政治教育

（1）高校运用微博进行思想政治教育优势分析

微博的信息传播途径是多种多样的，其传递迅速，用户间交流互动性较强，所以一经问世，便深受青年群体的喜爱。而对大学生而言，其逻辑思维能力均较高，在看问题、分析问题的过程中，有自己独到的见解，所以对微博这种新传播媒介来说，也更易于接受。微博应用于思想政治教育，一方面能有效激发大学生参与热情，使得思想政治教育活动表现出某种多元化的特征；另一方面，思想政治教育的内容也能在某种程度上得到充实，和时代的发展更密切地融合。第一，微博使得思想政治教育的载体更丰富、更多样。传统的思想政治教育主要是通过报纸、电视以及广播来实现的，但是这些媒体都存在着各自的局限性，不能很好地满足现代学生的需求。在互联网时代的大环境下，信息传播特点是迅速、准确、广泛等。从微博自身来看，它还具有信息内容相对简单、传播方便等特点，且信息量也比较大，能够满足大学生思想政治教育工作的根本要求。部分传统媒体亦

认识到微博发展潜力，它们纷纷开通微博平台，增加和微博用户的交流。第二，微博使得思想政治教育的成效有一定提高。很多大学都开设了官方微博，切实寓思想政治教育于信息发布、资源共享、互动交流等方面的环节中。高校已认识到微博对思想政治教育的促进作用，能够在实际工作中借助微博开展思想政治教育活动。

（2）微博给高校思想政治教育工作带来了挑战

在微博时代，信息爆炸以几何级速度发展，大学生获得知识及各种信息的渠道与速度都有了很大提升，高校思想政治教育工作环境已经发生很大变化，多元化的思想文化、理论观点、价值观念都可以得到自由传播，大学生在价值取向、意识形态等方面亦表现出多元化特点。从某种程度上来讲，这对大学生主流价值观形成十分的不利。与此同时，微博中某些不良信息让腐朽落后的意识形态与价值观念趁虚而入，00后大学生的政治信仰、价值观念和行为方式等诸多方面，均受到明显的影响。这就要求我们要高度重视网络对大学生思想政治教育的负面影响，积极探索新时期大学生思想政治教育工作新思路。思想政治教育工作者在微博时代也必然会受到影响，如何主动回应微博对思想政治教育的影响，更是摆在思想政治教育工作者面前一个不可忽视的课题。

3.高校利用微博开展思想政治教育策略

教育之关键在于"以人为本"，发展高校思想政治教育，应以"学生"为主线，秉承"以人为本"教育理念，充分发挥微博对思想政治教育的积极作用，注重迎接微博给思想政治教育带来的挑战，持续完善与优化微博的思想政治教育平台，有效地促进思想政治教育的发展。

（1）不断更新教育理念

微博作为一种新型的媒体形式，不仅给高校思想政治工作带来新的契机，而且为其提供了更多便利条件，但同时也带来很多问题和负面影响。特别是对部分思想政治教育者来说，这在无形中加重了他们的心理负担。高校思想政治教育者要适时更新教育理念，不断创新微博应用方式，有效发挥微博对高校思想政治教育的影响。一是高校要提高微博关注，在思想观念方面关注微博，与此同时，对于大学生微博的使用状况也要做一些调查，形成正确"微意识"；二是各大高校要充分利用微博这种新媒介，加强和教师、学生之间的关系等，提高自己"微认识"程度，继而为微博应用于思想政治教育中奠定坚实的基础。

（2）打造高校思想政治教育的微博集群

对高等院校而言，它的思想政治教育的发展需要靠全体教师和学生的努力。同样在思想政治教育中运用微博，需全校师生共同努力，需要对高校思想政治教育微博集群进行持续改进与优化，增强高校思政教育工作的系统性、时效性。在这一阶段，多数高校都要开设有官方微博平台。经过这些年，微博对高校思想政治教育的影响日益凸显。但当前，以思政教育为主题的微博却很少，各高校应根据各自实际特点，打造思想政治教育专题官方微博平台，从全局发展出发，进行思政教育工作。思政教育官方微博平台要有专人负责，可以通过学校宣传部门的工作人员，或指派具备一定新媒体操作技术的思想理论课老师承担。与此同时，有关工作人员也要做好有关微博资料内容调阅答复，紧跟时代发展潮流，紧紧围绕时代发展主题，切实促进大学生的思想政治学习，继而为提高高校思政教育成效奠定坚实基础。

（3）构建线上与线下有机结合的思想政治教育机制

在微博视域中关注高校思想政治教育工作，也不应该放松对传统思想政治教育方法的应用。微博在线平台是对传统高校思想政治教育方法的一种有益补充，其成效仍需进一步加强线下思想政治教育工作，并加以检验。目前高校线上思想政治教育存在着内容单一、形式陈旧等问题，导致大学生对思想政治教育缺乏兴趣，甚至产生抵触情绪。就高校思想政治教育工作而言，唯有形成线上与线下多种方式相结合的机制，让线上的微博思想政治教育和传统的线下思想政治教育交互应用，以形成思想政治教育资源共享、优势互补、全方位覆盖和思想政治教育整体合力的格局，促进高校思想政治教育工作取得成效。

（4）强化队伍建设，提供制度保障

"互联网+"时代高校思想政治教育，要求有一支具备优良政治素质、丰富的工作经验、高水平网络信息素养的师资队伍，积极参与微博传播、交流，不断丰富高校思想政治教育的资源与形式，确保思想政治工作有效开展；也要注重利用微博平台开展各种活动，增强大学生的媒介接触意识和使用技能，提高其获取信息与运用信息的综合水平，为实现思想政治教育目标提供智力支持和人才保障。此外，高校也要通过各种途径培养和提高大学生使用微博时的媒介意识与技能，增强其社会责任感和使命感。与此同时，各高校也应该建立和完善微博的管理制度，规范大学生微博空间内网络言行等，强化大学生微博监督，为高校创建和谐微博环境。总之，"互联网+"时代背景下的高校网络思想政治教育工作是一项艰巨而复杂的任务，它既面临着巨大挑战，又充满机遇。还要有一些物质保障，以推动高校网络思想政治工作持续开展。

（二）微信在新媒体时代高校思想政治教育中的应用

1. 微信在高校思想政治教育中应用的可能性

（1）高校学生是新技术、新应用的主要受众主体

高校学生由于年龄层次，自身经验等因素的影响，成为新生事物最主要的接收者与传播者。高校学生作为微信的主要受众这一现实，给思想政治教育工作以微信作为渠道提供了可能性。

（2）高校学生的网络、手机等为微信应用提供了硬件条件

随着智能手机在学生群体的普及，高校硬件设施也不断完善，校园无线网络也得到了全面的铺设，这些都为将微信运用于高校思想政治教育提供硬件支持。众所周知，微信是以手机作为主平台的，其浏览和交互发布的信息，都需要以智能手机和无线网络作为支撑，而大学的信息化进程为其提供了硬件上的支撑。

（3）教师队伍的年轻化、专业化为微信应用提供了人才支持

依托微信这一阵地，高校思想政治教育工作从内容到形式，均需不断创新理念，而这一切都取决于高校思想政治教育发布者——高校思想政治教师团队。微信作为新媒体时代下的新型媒介，其以互动性强、传播范围广等特点成为当前高校学生最喜爱的信息交流平台之一。现阶段，高校思想政治教育师资队伍呈现出年轻化、活力化等特点，这使微信在思想政治教育中更贴近学生心理，也让它更易为学生所接受。

2. 微信在高校思想政治教育中应用的必要性

目前，高校已普遍意识到微信在大学生思想成长与塑造过程中所产生的巨大影响力，纷纷经过学校官方、学院、团委、学生会等开设了很多微信公众账号，而这些微信公众号主要被应用在学校或学生工作之中。高校微信公众号迎来了一次爆发，随着微信的广泛普及，高校思想政治教育理念也在不断变化，高校利用微信进行思想政治教育已经是一种趋势。

（1）微信成了人们信息发布、沟通的一个重要途径

微信因跨平台、通信成本低廉、时效性强、功能拓展等特征，成为信息发布与沟通的主要平台。人们可以利用微信进行即时沟通，实现个人与组织之间以及人与人之间的沟通交流，达到信息共享、资源优化配置的目的。手机沟通已经成了现代人繁忙与闲暇时交流的一个重要渠道，微信能够与即时通信同步进行，包括社交工具、付款、地图，尤其是"朋友圈"功能，用于观点发布和转载，能够携带并传输海量信息。微信因具备与跨平台信息进行链接、网页形式以及订阅的其他特点，成为现代社会中信息迅速传播、传递的重要渠道。微信信息的传递可以表现为丰富多样的方式，如图、文、音、影等，这种多种形式的信息不仅可以被更快地传递给学生，并且可以通过简单操作让学生理解、参与乃至达到互动的目的。高校受众群体广、形式多样，微信已经成为连接高校和学生之间的一条重要通道，能清晰传达指向性、内涵性思想政治教育内容。

（2）微信成了一种符合高校学生感情、个性发展，以及与人交往的载体

情感满足与个性发展，是高校学生成长关键阶段必须重视与培育的一个侧面。那么，怎样将思想政治教育内容渗透到大学生的重要社交工具——微信中，是当前高校思想政治教育中必须要解决好的一个课题。高校思想政治教育对微信内容并无内容和形式上的明确规定，但要能适应大学生猎奇、自由等个性化的心理成长需求，最大程度地吸引大学生的眼球，影响大学生行为外化与心理内化。

3. 微信在高校思想政治教育中应用的机遇

（1）拓展思想政治教育时效性和实效性

微信这个工具的应运而生，使得突发事件或时事热点等方面的教育，不受时间、地点等条件限制，能在瞬间把教育内容传达给学生，给学生带来鲜活的第一手新闻。与此同时，利用微信这一深受学生欢迎与认可的途径来开展思想政治教育工作、转变传统面对面教学方式，还可以减轻学生心理压力，使教师与学生的关系更加密切，使学生更加愿意自发地、固有地接受思想政治教育的内涵。

（2）思想政治教育内容和资源整合

利用微信这一渠道进行思想政治教育，教师可以就时事热点和热门评论进行教育。例如，透过热门评论人评论国际关系，使学生清楚地认识到中国当前所面

对的内外形势，然后将中国近现代史与国际关系方面的内容相结合，达到教育学生思想政治的目的；又如以"一带一路"建设为主线，引导大学生关注国内经济发展中出现的热点问题，从而提高其参与国家战略决策能力。由此可知，在运用微信的情况下，能更好地进行资源整合，同时也能实现思想政治教育时代性、新颖性，提升思想政治教育的吸引力。

（3）充分发挥主体在思想政治教育中的能动性

如何充分发挥学生主体作用、转变学生消极的思想政治教育态度，是目前高校思想政治教育工作中面临的难题之一。借助微信手段，教师能指导学生点评、思考和彼此交流思想，教师和学生都处在网络环境相对平等的气氛中进行着探讨，并在探讨的过程中明确一些基本问题，实现思想政治教育的目标。

4. 微信在高校思想政治教育中应用的挑战

（1）高校思想政治教育工作环境比较自由，比较复杂

高校学生正处在世界观、人生观、价值观塑造的关键时期，他们所接触到的信息内容与种类，对于他们的成长与成熟起着举足轻重的作用。在信息时代下，微信以其微功能为依托，成为大学生获取信息的重要平台之一。与过去思想政治教育的信息只来源于政府不同，目前的思想政治教育以高校和其他官方作为主要信息获取渠道，如今，微信带来了丰富的信息传播，使得高校思想政治教育工作面临着挑战。

（2）高校思想政治教育客体积极性亟待提高

高校学生不仅是高校思想政治教育工作的对象，在高校思想政治教育工作中也处于主体地位，高校思想政治教育实效性的高低很大程度取决于高校学生的主观能动性能否充分发挥出来。

5. 提高微信在高校思想政治教育中应用实效性的对策

利用微信开展高校思想政治教育，已经成为一种趋势，在应用过程中，如何增强它的实效性，是一个至关重要的问题。为此，可以采取如下应对措施：

（1）在运营上增强微信内容及形式的吸引力与教育性

①提高微信内容知识性与趣味性，让大学生愿意看，也能够理解，也敢于表达。微信内容在高校思想政治教育工作中处于核心地位，对思想政治教育至关重

要。新时期思想政治教育的内容要用时事热点和历史典故、重大会议或者比赛，及其他大学生关心的问题，把思想政治教育和日常生活联系在一起，并对大学生进行潜移默化的教育。

②微信的形式应图文并茂，声像俱佳，增强互动性与吸引力。微信的格式与网页相似，多数内容推送仅有单纯的题目与画面，更多的情况下，第一印象决定了大学生对信息的深入理解。所以，在高校思想政治教育工作开展过程当中，要搞好资料"外包装"工作，从新时期大学生心理特点和特定需要出发，把要传递的信息，用最易为大学生接受的形式展示出来，最大限度地拉近资料与大学生之间的心理距离，让大学生乐于理解、乐于交往、乐于沟通，真正实现高校思想政治教育工作价值。例如，以游戏活动或竞赛抽奖的方式，激励学生主动关注高校微信。

（2）在组织与制度上有充分的保障机制

将微信作为思想政治教育渠道，也要靠国家、学校和其他制度建设为保障。

目前来看，我国各大高校都开始利用微信开展大学生思想政治工作，这对于促进高校学生管理工作起到了积极作用。任何构想的达成，最终都要有某种保障机制来证实它的落实。一方面，高校将微信运用到思想政治教育工作中，需要投入必要的资金。微信运营的每一个环节都需要一定资金的支持，为此需要国家、社会、高校从不同的视角，使用不同回馈方式，为微信应用于高校思想政治教育工作保驾护航。在组织层面，也要有一套组织机构来进行合理和合作，形成权责清晰、协同规划组织队伍，并以工作小组方式进行协作，充分调动各岗位员工的智慧与热情，为高校思想政治教育工作实现组织保障。

（三）媒介素养在高校思想政治教育中的应用

1.媒介素养以及对大学生的作用

（1）媒介素养的含义

美国媒体素养研究中心于1992年公布媒介素养定义：所谓媒介素养，是指人对于不同媒介上的各类信息所表现出来的选择能力、质疑能力、理解能力和评估能力等。这一界定不仅明确了媒介素养的内涵，而且将其与其他学科，如社会学、教育学等联系起来，使之成为一个独立的概念体系。从广义上讲，媒介素养就是指对媒介的恰当运用与正确区分，能借助媒介，不断完善自己、培养自我。

伴随着互联网所代表的新媒体的飞速发展，全社会的信息传播格局发生了翻天覆地的变化，互联网已经成为社会公众联系的一种主要介质。随着媒介不断发展，媒介格局也在不断改变，在媒介素养意义上，新媒体内容所占的比重逐渐增加。在全新的媒体环境中，媒介素养应该包括对新媒介的运用、运用新媒介信息对图像和音频进行加工、对视频信息和多任务进行处理。

（2）提高大学生媒介素养的作用

在现代教育里，学校已经不是教育的归宿，自我教育、终身教育也是一种重要的教育形态。就终身教育而言，媒介是传递教育信息的主要渠道。大学生作为一个特殊群体，他们接受过一定程度的媒体知识培训，但由于自身特点及社会环境，其对媒介知识缺乏了解。对大学生进行媒介素养教育，提升大学生媒介素养，能够直接影响大学生的可持续发展。从某种意义上来讲，大学生媒介素养水平，直接决定了大学生对媒介是否有一种正确的认识，此外也决定了大学生对媒介的理解与运用，以及是否能对大量媒介信息做出正确判断。目前，我国高校对大学生的媒介素养还存在很多问题，需要进一步加强培养。所以，提升大学生媒介素养具有极其重要意义。

2. 大学生媒介素养的现状

大学生是较早接触到新媒体的人群，其新媒体接触率及新媒体利用程度远高于社会上其他人群，而这些对提升大学生媒介素养既产生了积极影响，当然也存在一些负面作用。

新媒体由于速度快、自由方便和开放等特征，可以给大学生带来海量而丰富的资讯。大学生能够借助新媒体，在任何时间、任何地点获得他们想要的信息。新媒体改变了以往单向度、封闭式的传播方式，使得高校教育不再受时间和空间限制，从而使学生在接受知识的过程中更加方便。与此同时，新媒体的开放互动促使越来越多的大学生不再满足信息接受者这一单一角色，纷纷参与到信息传播者队伍中，进行图片制作和音频制作，这些已经成为许多大学生所掌握的一种信息传播技能。这些技术在一定程度上改变了传统的传播方式和内容，使大学生成为新媒体环境中不可或缺的主体。从某意义上来讲，新媒体对大学生媒体接触能力、媒体的使用能力、媒介信息生产能力均有正面的促进作用。

然而在新媒体环境中，大学生经常接触新媒体也使其媒介素养出现了如下问题：

（1）过多地运用新媒体，甚至产生了对新媒体的依赖

就现在的实际情况来看，大学生接触媒介主要有三种类型：手机、电脑和电视。其中，经由手机、电脑进入互联网，是大学生接触媒介最多的形式，它的接触比率比传统媒体要高得多。在当前媒介格局下，各媒介具有自己特有的信息传播优势，电视形象鲜明直观，很有艺术感，形象性强；报纸、杂志都是用文字来体现的，善于获取理性信息，所传递的信息更加有深度。大学生过多接触新媒体、依赖新媒体，势必造成他们对其他媒介形式的忽视，导致信息结构产生偏差，长此以往，甚至会影响其文字阅读与信息理解能力。

（2）大学生对媒介的辨别能力不足

从现实媒介运营来看，报纸、电视、广播的把关程序严、信息网络健全、比新媒体具有更高公信力，这些媒体上的信息更加权威。大学生经常使用新媒体，致使他们一味地相信新媒体。在接触媒介信息这一现实过程当中，大学生在媒介上又有不辨真伪之困。大学生对于媒介具有一定信任感，但对媒介可信程度的判断却偏离了现实；大学生分辨媒介信息能力差。我国互联网环境正处于不断发展之中，国家对于网络环境进行规制，是个渐进过程，大学生因对媒介分辨、批判能力不足，易受不良信息干扰。

（3）大学生无法充分使用新媒介

虽然大学生对新媒介运用较为频繁，但是他们对新媒介却没有充分利用起来。尽管很多大学生都能借助新媒体来获取他们想要的信息，但是缺少对新媒体的深度运用。大学生使用新媒体时，主要是以网络娱乐为主、即时通信为辅，社交及其他领域新媒体的功能未能有效实现。大学生对新媒体认识不足、无法将其用于更为广阔的范围内，进而无法为自身发展提供服务。

3. 提升媒介素养的路径

通过对当前大学生媒介素养存在问题的剖析，我们可以发现有主观因素，还有客观因素；有大学生自身的原因，还有学校、社会等大环境因素。在新媒体时代下，高校应该加强对学生进行媒介素养培养，但由于受到多种条件的制约，目

前我国大学生的媒介素养水平不容乐观。所以学校要从媒介教育抓起，努力探索大学媒介素养提升的有效方法。

（1）以高校教师为对象进行媒介教育以提升教师的媒介素养

教育之本，在于师资，媒介教育自然不能例外。新媒体快速发展，使相当一部分教师很难适应媒介环境变化，无法完整把握新媒介特点和用途。所以，如果想要对学生进行媒介素养教育，当务之急便是对教师进行媒介知识培训，提升教师媒介素养。媒介素养的涵盖层很广，它涵盖了新闻学、传播学及其他媒介学科，且这些学科之间有着紧密的联系。学校应对教师进行短期的脱产培训和讲座、在职培训和其他各种媒介素养教育形式的培训，鼓励教师进行媒介自主教育，全面提升所有教师媒介素养水平。

（2）将媒介素养教育的内容增加到大学生思想政治教育之中

在新媒体快速发展的形势下，在大学生素质教育中，媒介素养也是一项重要的内容。大学生思想政治教育包括两个方面的内容：思想政治教育课与辅导员的思想政治教育。在思想政治课教学中，可以适当地融入媒介教育的内容，寻找媒介素养教育与思政课程教育的有效融合路径，让学生更多地接触课堂中媒介教育的内容。高校辅导员在大学生思想政治教育工作中发挥着主要作用，对于提升大学生的媒介素养起到了举足轻重的作用。高校辅导员可以运用互联网、手机、博客等多种媒介对学生开展媒介素养教育。

（3）设置与媒介素养教育有关的选修课程

设置与媒介素养有关的选修课程，是发展大学生媒介素养的有效途径之一。媒介素养教育在中国才刚刚开始，媒介素养的理念也只限于新闻学、传播学等学科。各高校可因地制宜设置媒介素养教育的选修课程，系统地传授媒介基本知识与传播基本原理，由此提升大学生的媒介认知能力、媒介理解能力与媒介辨别能力。同时要在大学期间开展丰富多彩的实践活动，让大学生在实践中体验到媒介的魅力，增强对媒介的兴趣和信心。在媒介教育日益深化、条件日趋成熟的今天，高校还可设置媒介素养教育的必修课。

（4）开展媒介素养教育的讲座和竞赛

高校可积极举办媒介素养教育讲座，开展多种形式比赛。讲座可与大学生媒介接触方面出现的问题、社会传播热点话题及传播实际案例等内容相结合，引导大学生对媒介知识形成深刻的理解，学会鉴别信息真伪、了解信息传播流程。可以利用各类活动宣传媒介素养比赛，使大学生认识到新媒介的价值所在，从而积极投入其中。媒介素养竞赛可以通过知识问答的方式加以开展，亦可以以录像、音频、图片制作的方式进行，通过引起大学生的积极参与，在比赛过程中，强化他们对于媒介作用的整体理解，增强他们对媒介辨别能力，潜移默化地改变大学生对新媒体信息接触娱乐化趋势，促使大学生充分利用新媒介，发挥新媒介的最大作用。竞赛还可在传统媒体平台的帮助下进行，如读书看报比赛等，或者广播节目制作竞赛，借此鼓励大学生更多地接触传统媒体。

三、高校思想政治教育的共享社区模式

想要达到高校思想政治教育的目的，有必要把"共享"作为根本的途径，把"社区"作为一个共同体，这样的"共享社区"，在大学里就是一个道德文化圈，这是实现高校思想政治教育工作的新模式。在当前社会背景下，高校思想政治教育面临着许多问题与挑战，而要想有效解决这些问题和挑战，就必须将高校思想政治教育融入"共享社区"之中。

（一）高校思想政治教育的共享社区模式的概述

1. 社区的含义

我们可以将社区看作是一个微型社会。社会学家通常把它作为整个社会研究的出发点，实地研究通常是在社区范围内展开。因此，"社区"就成为社会学的基本概念之一，社区研究及其理论便成为社会学的重要内容。

"社区"是社会学的基本概念之一。从词源上来说，"社区"一词来自英文单词"Community"，大意为共同体和亲密的伙伴关系。

"社区"这一中文表达则是 20 世纪 30 年代初以费孝通为首的一批燕京大学社会学系的学生根据滕尼斯的原意首创的。费孝通在其论文《二十年来之中国社区研究》中说道："最初 community 这个字介绍到中国来的时候，那时的翻法是用'地方社会'，而不是'社区'。当我们翻译 Park 的 community 和 society 两个不同的概念时，面对'CO'不是'SO'成了句自相矛盾的不适之语。因此，我们开始感到'地方社会'一词的不恰当。那时，我还在燕京大学读书，大家谈到如何

找一个贴切的翻法，偶然间，我就想到了'社区'这么两个字样。后来大家采用了，慢慢流行。这是'社区'一词之来由。"① 此后，他们在吴文藻先生的指导下，与其他学者一起致力于我国本土的社区研究，创立了社区研究的中国学派、确立了社区研究在中国社会学的重要地位。

滕尼斯尽管最早提出了社区与社会的划分，但他并未对社区下过完整的定义。在《社区与社会》（又译为《共同体与社会》）一书中，滕尼斯区分了人类集体生活的两种基本形式，即社区与社会。

滕尼斯关于社区与社会的二元划分理论，对美国社会学界产生了深远的影响，美国芝加哥大学的帕克是最早定义社区的社会学家之一。"社区"之所以会成为社会学中的一个核心概念，帕克领导下的芝加哥学派起了很大作用。芝加哥学派提出，"社区"具有 3 个基本特点：首先，它拥有一批以地域为单位的群体；其次，这些人程度不一，深深地植根于自己生活过的那一片土地；最后，凡是生活在社区中的人，他们彼此之间都存在着相互依赖的关系。

长期以来，社会学家从不同的角度对"社区"做过许多不同的界定。帕克的上述定义是 1936 年提出来的。据相关统计，到 1955 年，美国社会学家希勒里在已有的各种社会学文献中发现了至少 94 种社区定义。到 1981 年为止，华裔社会学家杨庆堃先生关于社区概念的解释更增加到 140 余种。这说明当前学界对于社区的界定一直众说纷纭。尽管我们很难找到一个为大多数学者所认同的社区定义，但在众多定义中，社区往往被界定为群体、过程、社会系统、地理区划、归属感和生活方式等。

通过对众多社区定义的分析，我们发现至少有一点是大家都公认的，是指社区以人为单位。在 140 多种定义中，相当大的比例是由 3 个要素构成的，那就是地域、共同联系、社会互动。参照西方社会学家关于社区的各种界定，再结合中国的社会现实，这里我们给社区下一个相对宽泛的定义：社区是由一定的人口所组成的地域性的共同体。

新媒体时代，人与电脑空间结下了不解之缘，并逐步开创了新的生活方式。随着互联网技术和移动终端的快速发展，人们的交往范围日益扩大，社交平台不断增多。纵观所有的社交圈子，人依兴趣、爱好而构成了不同身份的群体，根本

---

① 费孝通.怎样做社会研究 经典珍藏版［M］.上海：上海人民出版社，2013.

不受地理位置的约束。人与人之间社会互动方式亦随之改变，面对面交流越来越少，人际沟通呈间接化特点。人们以电子邮递的方式，通过网络交流想法、看法，传达情感。网络在当今社会成了人与人之间的连接纽带，给人一定的情感寄托和认可，由这些有着共同爱好、兴趣的人共同构成的虚拟社区，已经逐步替代传统地域社区。虚拟社区是随着计算机技术和互联网技术的发展而出现的一种新型的社交模式。对于这一新类型社区的研究，已受到学者普遍重视。

2. 高校思想政治教育的共享社区模式的含义

新媒体时代，将"共享社区"这一概念纳入高校思想政治教育工作中，并将其作为一种新的高校思想政治教育模式进行建构，是一个极为创新的行为。第一，它是教育者和受教育者之间的知识、智慧、经验和体会和其他思想观念全面分享结果。第二，它是多方之间关联性，通过若干个体相互联系、接触所构成的关系网与道德圈。思想政治教育视阈下的"共"，既有多层次的内容，多向度连接，也反映出在"共同"的情结中对自然、社会的关注。"享"，即是主体间性的表现，也是主体间互动交往的结果，它反映了思想政治教育自身及其过程已不再是规范和制约，而是一种更为愉悦的生活方式之追求。第三，它意味着高校思想政治教育过程不再成为受教育者"储蓄"认识的过程，技能的形成过程则是一个表达和分享的"学习"过程，可以个性化地表达他们对于道德生活的认知方式，并且能够进行评估，组建德育过程相互沟通共同体。这不仅能促使受教育者从被动接受向主动参与转化，实现自我发展，而且有利于培养大学生自主选择价值目标和实践活动的能力，促进个体人格全面和谐发展，还会使得高校思想政治教育教学资源与装备的作用在无形之中增加，大大促进了思想政治教育工作水平与层次的提高，从而能够提高高校思想政治教育实效。

3. 高校思想政治教育的共享社区模式的特点

（1）知识共享

我们在这里所讨论的知识，既有自然科学知识，还包括社会科学知识。作为思想政治教育的共享社区，其所要分享的知识，更多地应该是关于思想道德的，例如大学生必须遵守的基本道德规范和政治制度。当然，这些知识并非都能由个体来获取和传播，而只能由本组织或其成员共同分享。即在进行思想政治教育时，每一个主体都是教育者，需要让别人知道你用什么方式、途径与方法获得某一优良品质。因此，思想政治教育共享可以被理解为一个"教"与"学"共同参与下进行的一种双向互动过程。这样的分享，不只是对别人的一种直接引导，还将产生显著的示范与激励作用。

（2）生活共享

这里说的生活，包含生活经历、生活体验和人生体验等方面的内容。生活体验是人类生存活动所特有的心理现象，它以独特而丰富的形式存在于每个个体之中，并对其发展起着重要作用。现代生活节奏快、竞争大，人与人之间都有分享体验的欲望。共享社区正是顺应这种需求而产生并发展起来的一种新型社会组织形态，它通过各种形式将不同人群聚集到一起进行活动，以实现个体的精神自由。共享社区是当代大学生描述经历、分享经历的地方，他们能在此互相倾诉、互相沟通，在相互的经历与感情的分享中感悟生活、品味内心的美好，也能分享所阐述的经验，这些都与真实的生活经验息息相关。所以共享社区一定要把注意力集中在不在现场的因素上，让它们同样发挥对受教育者的教育作用。

（3）资源共享

在高校思想政治教育工作的长期实践过程中，在教育资源的使用中，实际上存在着三种情况："先有再用""先用再有"和"只有不用"。社会信息传递正从历时传递向共时传递过渡，思想政治教育工作者在获取信息资源方面已丧失优先权和垄断权，资源具有开放性、交互性已经成为当今时代的突出特点。共享社区一改思想政治教育资源管理封闭状况，通过多样化新媒体载体，使思想政治教育资源应有的价值得到全面实现。资源共享使学校、家庭、社会群体乃至个人形成一种合力，让其共同参与到思想政治教育资源的开发中来。在分享社区中，书本、报纸杂志、网上教育资源等内容，全部变成了开放性资源，可供受教育者参考或使用。共享社区为高校思想政治教育提供了一种全新的方式，使大学生可以自由地参与到学习中来，也让他们有更多的机会去体验知识的形成过程以及获取知识的方法和途径。开发和利用共享资源，使用那些有助于实现高校思想政治教育宗旨与目标的因素，是思想政治教育资源中的一个重要环节。

4. 高校思想政治教育的共享社区模式的背景

在新媒体时代来临之际，传统的高校思想政治教育工作模式受到了严重挑战。面对这种情况，如何创新大学生的思政工作，已是摆在我们面前急需解决的问题。

大家都知道新媒体，这是一个以"科技、分享、交互、魅力"为关键词的概念，打破传统思想政治教育受时空限制的局面，使信息的传播更加顺畅、快捷，符合现代社会对人才的要求。基于这种情况，高校学生群体成为新媒体技术应用最广泛的群体，也是使用新媒体技术最积极的一群人，当代大学生沟通交流的需求由此趋于多元化。特别是在我国社会主义市场经济体制进一步完善的今天，我国社会的经济成分、分配方式、利益关系与就业方式的日益多元化，主体意识日益强化的高校学生，其思维方法、价值取向等也渐趋自主、多元，与此同时，他们的行为标准、审美情趣和生活方式也呈多样化趋势。

面对如此多元化的局面，多样化的发展趋势，使现行以学分体系为主的传统思想政治教育模式已无明显效果，且倒逼思想政治教育工作者立足于抓住多元化沟通交流的需要，寻求适合时代发展需要的思想政治教育模式。近年来，学界不断加强高校思想政治教育的研究，它的热点问题集中表现为思想政治教育的载体与价值取向等方面的问题，尤其是对网络和思想政治教育这样一个领域进行的研究。学术界在对新媒体进行研究的过程中时，重点涉及两方面的内容：第一，新媒体对大学生思想政治教育产生了什么影响；第二，如何借助网络平台，强化大学生思想政治教育。以上研究对于如何建构与新媒体时代相适应的高校思想政治教育工作新模式则涉及较少。应该说上述研究有其必要性，但是怎样充分利用好新媒体优势、融合优质教育资源、提高高校思想政治教育工作实效，是目前最为需要解决的问题。正是有鉴于此，我们在这里提出了对共享社区模式进行反思。

5. 高校思想政治教育的共享社区模式提出的依据

"共享社区"这一高校思想政治教育工作新模式建立在如下四点理解之上：

（1）基于社会主义核心价值体系的思想共识

思想观念，无论何时，都是社会存在的一种表现。在经济成分多元化的今天，世界各国文化交流不断扩大，中国文化的现状是主流文化与非主流文化、先进与落后文化并存，高雅文化与庸俗文化，以及其他各种文化并存。但任何一个社会都要形成一种共识，来统领所有思想观念，也就是核心价值体系。当代中国社会主义核心价值体系就是社会主义意识形态的实质表现，是全党和全国各族人民团结战斗的共同思想基础，是构建社会主义和谐文化之基。在此背景下，高校思想政治教育要把社会主义核心价值体系作为共享的价值体系，引领大学生思想，在大学生中达成思想共识，这不仅是高校思想政治教育工作面临的实际需求，更是时代赋予高校思想政治教育工作者的神圣任务。

（2）基于全球化背景下的文化共生

全球化浪潮下，文化冲突是世界观、人生观、价值观的反映，较之意识形态的对立有更深的内涵与意义。文化为社会之魂，其在文本形式上的呈现也各不相同。社会的健康与否，关键在于要不要选一个健康文化。在当前全球化语境中，社会出现的不少问题，在很多情况下都是由于文化选择的错误。高校思想政治教育工作者在全球化给民族文化造成冲击与挑战时，应积极回应。要正确认识文化共生，它是不同地区、不同民族、不同时代各种优秀文化的共存，是互相尊重、兼容并包的，也是彼此沟通互动与协同发展的，要在宽容的态度下实现文化的共同所有与共同使用，并在此基础上获得精神境界上的共同提升。

（3）基于新媒体时代的资源共享

在高校思想政治教育过程中，凡是那些可以被教育者开发和利用、有助于实现目标的因素，都应该被看作是思想政治教育资源中的一个重要环节。从某种意义上来讲，思想政治教育资源包含很多方面的内容，它不只是指教材或课堂教学主渠道中传递出来的知识，也包括从实践出发的生活经历与人生体验，这些均属于资源范畴，此外它还包括新媒体传达的各类信息资源。在高校思想政治教育工作的实践过程中，要以新媒体为载体进行延伸，使思想政治教育资源应有的价值得以充分发挥。从理论上讲，思想政治教育资源是指具有一定社会属性或功能的物质实体，它既能产生积极作用又可能产生消极作用，因而需要人们去开发。所以在该资源系统中，多种教学资源、教师和学生的课堂讲述和谈话、书本和报纸杂志、日常交往行为的过程、网上教育资源等，全部应变成共享性资源，进而影响受教育者，实现知识共享、精神分享、价值分享。

6.高校思想政治教育的共享社区模式的现实意义

新媒体时代高校思想政治教育共享社区模式的建构有如下的现实意义：

（1）有助于突破时间和空间限制，凸显大学生思想政治教育过程性

目前，受传统大学教育学科体系等因素的影响，大学生在课程学习和社交交往中，大多受到时间和地域的限制。这种限制导致课堂教育仍然是主要的教育形式，因为课堂教学必须确保师生在时间和空间上都在现场。这种课堂教学主要是

文本知识和教育者单向传授的思想政治教育，而师生在场的事实是客观存在的。如何利用这种客观条件将决定课堂教学是否能够发挥应有的育人价值。这样一种严苛的在场性诉求，给思想政治教育工作者与受教育者之间做了一定的限制，许多开展思想政治教育工作的机会，常常就这样丧失了。新媒体社区是以数字技术、计算机网络技术与移动通信技术构成的一个庞大共享社区，教育信息的传播是即时的、公开的，与过去任何传播技术或交流工具相比，都发生了根本飞跃，这也为校外教育提供了可能性。

（2）有助于主体性的提升和大学生思想政治教育学习共同体的创建

《全球主义者》杂志的杰里米·里夫金曾撰文指出："在美国人看来，如果一个人是自由的、独立的，那他就不依赖其他人或他控制外的环境。这需要人有财产，一个人越有钱就越独立。"① 而更加理性的人则认为，自由意味着融合，自由人就是能够持续地与别人相互依赖。就学习者而言，学习者获取知识技能，一定要靠群体来完成、靠专家来完成，同时也需要同伴间互动的支持，学习就是和群体或环境互相合作、互相作用的过程，个人与具体社会团体的互动构成了学习途径与学习方式的中心。个人在学习的过程当中，以直接途径或间接途径来研究或传达共同体经验和社会规范，由此不断锻炼意志品质、提高实践能力，逐渐形成自身对学习共同体的认同和情感。

（3）有利于引导正确的文化选择，营造大学生思想政治教育的文化环境

当代大学生面临着多元文化的选择，文化选择是否得当，既关系到大学生思想政治素养，还与大学生人生道路选择有关。当前我国社会正处于转型期，各种思潮相互激荡，文化选择成为影响学生成长成才的一个重要因素，必须让文化选择为大学生健康成长服务，使其为提高大学生文化鉴别能力而服务。在共享的思想政治教育社区之中，展现在大学生面前的，是一场思想文化盛宴，他们获得了接触外校优秀教师精品课、领略不同高校人文特色的机会，也能体会不同文化的撞击，这为大学生整体水平、人文素养、拓宽社会人生的眼界提供了可能性。

---

① 季海菊.新媒体时代高校思想政治教育的解构与重塑［M］.南京：东南大学出版社，2014.

（二）高校思想政治教育的共享社区模式的运行路径和运行机制

1.高校思想政治教育的共享社区模式的运行路径

对思想政治教育共享社区的理解应形成共识。这主要是因为以下几点：第一，资源的开放和共享，要求社区主体与个人在认知上取得共识。从传统意义上看，社区组织注重上下级关系，而且这种关系是纵向的，其在思想政治教育中的体现是受教育者被灌输、被教育的关系。而经济和社会发展又需要同时设置另一个横向结构，在此结构中，成员间的主要关系并非隶属，但彼此之间又有着紧密的联系。在这个结构中，不管是哪一个成员都有义务对社区发展作出力所能及贡献；第二，要切实抵制有害信息侵蚀，要求社区主体与个人在认知上取得共识。在经济全球化趋势不断增强、社会化程度越来越高的今天，特别是在新媒体技术越来越发达的今天，随之而来的信息沟通也越来越快捷，范围越来越广，各种各样的思潮在不断地冲突与交融，比如：国内传统文化与现代文化的碰撞与交融；西方资本主义国家及其国内的政治、经济、文化冲突与交融；理想与现实的矛盾与交融等。这其中最主要的就是社会价值观方面的差异和碰撞，而这种价值观念的分歧往往会在网络上表现得尤为突出。

在共享社区中，思想政治教育资源共享的表现如下：第一，优质课程资源共享。新媒体能够给思想政治教育课程资源聚集提供物质条件。从某种意义上来讲，思想政治教育是一个各种因素集中的过程，如教材、教案、案例等，共享社区内的协调员，可以根据自己的需要对不同种类的学习资源进行整合，从而形成一种优质的资源。第二，学习经历资源的共享。正如我们前面所说的，在这个共享社区里，更多的是以学习共同体为主，具备最大限度地实现合作、协作的优势。

2.高校思想政治教育的共享社区模式的运行机制

高校思想政治教育共享社区的运行机制包括领导机制、教育机制、预警机制、调控机制、保障机制、激励机制等，当前应重点做好以下三个机制的建设。

（1）领导机制是高校思想政治教育共享社区模式运行机制的关键

中共中央对高校学生思想政治教育工作的领导机制提出了明确要求，要求高校党委要加强对高校学生思想政治教育工作的领导，校长要对学生的德智体全面发展负责，要建立健全以校长和行政系统为主要执行对象的思想政治教育管理机制。但是在现实中，真正确立了这一完善领导管理机制的院校还不多，唯有党委对学生的思想政治教育进行管理和落实。这种机制使思想政治教育工作与其他工作形成两条平行线，相互独立，难以渗透、融合，难以做到把思想政治教育贯穿在教育的全过程，落实在教学、管理、后勤服务的各个环节。新媒体时代，要想充分发挥思想政治共享社区模式的整体效能，就必须创新高校思想政治教育领导机制，真正形成党、政、工、团、学分工负责、齐抓共管的思想政治教育工作格局。

（2）预警机制是高校思想政治教育社区共享模式的运行机制保障

预警机制是共享社区模式在高校思想政治教育运作机制中的保障。所谓的高校思想政治教育预警机制，主要通过各种渠道，精确理解共享社区中不同时间、不同年级学生群体思想动态及经济状况，对不同的资料进行分类存储，构建思想政治教育预警信息数据库，对各种预警信息进行及时的分配，从而加强高校思想政治教育工作前瞻性、针对性。一方面，预警机制可通过 BBS 论坛、网上调查和咨询热线等方式，了解在大学生的生活、学习、就业和其他现实情况，了解其对于社会热点的认识，以及他们对重大国际国内新闻事件所持有的的观点信息，增强教育针对性；另一方面，预警机制可通过浏览其他网站 BBS 等形式，及时掌握校外学生的思想动态，为高校思想政治教育工作提供有用的参考信息，从而使思想政治教育预警机制能够通过搜集学校内部和外部的各类信息，对大学生思想倾向与实际困难进行整理分析，对网络上现存的有用信息进行及时控制，使得错误的理解与观念得以及时化解，引导共享社区模式在高校思想政治教育中的良性发展。

（3）保障机制是高校思想政治教育共享社区模式运行机制的基础

保障机制是共享社区模式在高校思想政治教育工作中发挥作用的机制基础。所谓保障机制，是指对思想政治教育起保障作用的诸要素相互作用、相互影响、相互制约的关联方式，它是一个复杂的系统，能够使思想政治教育工作正常、有序地进行，能够使思想政治教育的各种计划得到落实。从构建高校思想政治教育共享社区的需要出发，当前应加强四个保障：内容保障、技术保障、物质保障、环境保障。

第五章　高校思想政治教育融合教学模式整体分析

本章主要介绍了三个方面的内容，分别是高校思想政治教育融合教学模式总论、高校思想政治教育融合教学模式的困境与问题成因、高校思想政治教育融合教学模式的优化策略。

第一节　高校思想政治教育融合教学模式总论

一、高校思想政治教育融合教学模式的内涵、特征及范畴

（一）融合教学模式的内涵

教育就是教育者按照一定社会要求而进行的有目的、有计划的活动。在新时期背景下，教师应当以培养学生综合素质为根本出发点，探索适合自己班级的新型课堂教学模式。融合教学模式涵盖教学目标、教学资源等各个方面，扩大了教与学之间的时空，并充分发挥了"线上"与"线下"相结合的教学优势，能够帮助教师积极做好课前、课中、课后的各项准备，从而开展"线上"+"线下"一体化教学实践。"线上"教学，是一种必要的教学活动，"线下"教学就是在"线上"早期学习成果的基础上进行更深入的教学活动。

（二）高校思想政治教育融合教学模式的内涵

高校思想政治教育融合教学模式，就是高校思想政治教师按照立德树人的要求，结合各类型学校的培养目标，融合各学科专业特色，又符合个性化、差异化的特点，对受教育者的需要进行层次化的设计，做到有的放矢，并利用"线上"

与"线下"相结合的教学优势，开展"线上"＋"线下"一体化教学实践，以加深受教育者的思想品德认知，培养其情感和意志的教学模式。

（三）高校思想政治教育融合教学模式的特征

1. 导向性

我国的思想政治教育，其实质就是对社会主义意识形态进行灌输和教化，并通过提升人们的思想道德素质，服务于社会的全面发展和进步。思想政治教育的本质属性，决定了高校思想政治教育融合教学模式，即在整合的过程中要坚持党的领导、"四项基本原则"、坚定共产主义信念等，从而提高受教育者的思想政治水平、业务技术能力，培养大学生的身体心理健康，让他们成为有理想、有信念、有本领、负责任的新时代"四有"青年。

2. 全员性

在高校思想政治教育融合教学模式的实施过程中，第一，要实现教育对象的全覆盖，即在整个大学生群体内进行全面系统的思想政治教育工作，实现全员育人。主要依托专、兼职思想政治教师的思想政治理论课程，同时也要依靠非思想政治教师的课堂教学，要靠教学管理教师在遵纪守制中发挥模范作用。第二，教育主体的全体性。要将教育内容全面融入大学生成长发展全过程之中，从生活实际出发，将思政与专业知识有机结合起来。

3. 综合性

高校思想政治教育融合教学模式能够把传统的课堂教学、在线教学和实践教学有机地结合起来，也可以传承传统课堂、在线教学、实践教学与翻转课堂等教学模式的优势，抛弃传统课堂的劣势，不断吸取计算机科学技术的经验、通信信息技术方面的知识。要以大学生为主体，构建具有鲜明时代特征、符合时代要求、体现现代特色的"五位一体"的思想政治教育模式。在思想政治教育一体化教学模式的实践过程中，要持续把握学生的个性需求，不断更新融合教学技术，深入挖掘教学资源，优化线上、线下一体化的教学方法，对融合教学模式进行整合与评价，发挥融合教学模式的合力。

4. 网络性

在移动互联网时代，高校思想政治理论课在教学过程更加倾向于一种全网络、全信息、全数据的教学过程。随着移动互联技术发展，智能手机已成为学生获取知识资源最便捷的工具之一。全员上网、网络教学、网络答疑、网络推送等，已与传统课堂教学的各个环节进行了深入的结合。线上课堂不再是单纯的教师讲、学生听的单向灌输方式，而是师生互动、生生互促式的新型教学方式，是实现思想政治理论课教学效果优化的重要途径。思想政治理论课在线教学也在不断适应移动互联和大数据的发展，不断更新、不断适应新时期大学生对网络学习的需要，还不断促进高校思想政治教育融合教学模式的数字化、智能化。

（四）高校思想政治教育融合教学模式的基本范畴

1. 高校立德树人任务与学生思想品德实际的关系

立德树人使命是受教育者高校思想政治理论整合式学习进程的总体需求，它在一定程度上确定了受教育者的政治方向，还能对受教育者的道德行为进行判断。从某种意义上来讲，学生思想品德教育的开展，是高校思想政治教育融合教学模式实施的起点与归宿，它以学生的个体道德的现实为出发点，力求发挥融合教学模式的实效性。为此，高校思想政治教育融合教学模式要坚持立德树人任务和学生思想品德实际的辩证统一。

2. 教师与学生之间的关系

教育者是在高校思想政治教育融合教学模式过程中，对受教育者进行道德知识疏导、道德行为培养和思想政治理论课教学组织协调、秩序管理、效果评估的教师。同时教育者在教学过程，会受到学生思想品德、知识结构的影响。为此，高校思想政治教育融合教学应遵循教育者主导和受教育者主体辩证统一的原则。

3. 学生对知识的内化与外化的关系

内化是指在高校思想政治教育融合教学过程中，受教育者把教育者所教给他们的道德原则、法律纪律等向道德认知、情感意志方向进行转换，外化是在高校思想政治教育融合教学过程中，受教育者主动地把道德的知、情、意、信作为道德评判的标准，并对其进行道德实践这一改造过程的转换。同时，在高校思想政治教育融合式学习过程中，受教育者思想品德内化与道德行为外化也是一个长期性、艰巨性的实践过程。因此，高校思想政治教育融合教学应该坚持受教育者内化与外化的辩证统一。

4.教师教育与管理职能的关系

教育和管理具有辩证统一的关系。教育教导奠定了教育管理的价值基础，教育管理是教育教导的制度保证。具体来讲，就是在高校思想政治教育融合教学的过程当中，教师要为受教育者提供道德目标、道德理论、道德任务和道德监督等，教育教导在无形中为教学管理奠定了科学化、规范化、程序化的认知基础。所以，在高校思想政治教育中，教师要坚持整合教学教育和管理的辩证统一。

5.疏与导之间的关系

在高校思想政治教育融合教学过程中，疏通即教师引导学生在线上、线下将教学现状的成绩与不足、成因缘由、对策措施等表达出来；引导即教师引导学生进行科学的理论解释和实践探索，促进学生道德品质和融合教学同向进展。因此，要坚持高校思想政治教育融合教学疏与导的辩证统一。

二、传统教学、在线教学和融合教学比较分析

（一）传统教学的优劣势

1.传统教学优势

思想政治课教学要求师生之间进行面对面的沟通与对话，只有做到"晓之以理"和"动之以情"的结合，才能够达到释疑解惑、坚定信念、传递正能量等教学效果。当前我国高校思想政治教育面临着新挑战，而大学生对思想政治理论课课程的认同感较低是重要原因之一。思想政治理论课的课堂教学过程具有传统的优势，同时也面临着挑战，如师生角色转换难，课堂氛围不和谐等问题。它主要由以下几个方面构成：教学主体层面——主导性教学较强；教学客体层面——学习的系统性等；教学模式的层次——以课堂教学为中心；教学资源方面——主要是教材教辅；教学环境方面——主要是课堂教学的影响；教学管理方面——以权威式管理为主导。

2.传统教学劣势

虽然高校思想政治传统教学存在一定的优势，但是我们也不能忽视其存在的问题，这些劣势的形成是多方面原因综合作用的结果。从具体上来讲，其主要体现在以下几个方面：第一，从教学主体层面上来讲，高校思想政治教育的精准化

教学并不是十分的理想，表现得比较弱势；第二，从教学模式层面上来讲，传统教学缺少网络教学的辅助，网络教学参与度较低；第三，从教学环境层面上来讲，传统教学过程中，虚拟教学很难融入教学之中，为此其对教学效果的影响也比较低；第四，从教学管理层面上来讲，传统教学在管理过程中缺乏民主。

（二）在线教学的优劣势

1. 在线教学优势

在网络时代，网络技术为大学生提供了广阔的空间和丰富的资源，同时也给高校思政课带来严峻挑战。思想政治理论课在开展在线教学时具有得天独厚的优势。从具体上来讲，其主要体现在四个方面：第一，从教学主体层面上来讲，相较于传统教学，在线教学的个性化教学特点尤为明显；第二，从教学客体层面上来讲，相较于传统教学，在线教学的能动性十分强；第三，从教学模式的层面上来讲，相较于传统教学，在线教学以网络教学为主，符合当代大学生学习规律；第四，从教学管理层面上来讲，相较于传统教学，在线教学的管理更加民主。

2. 在线教学劣势

思想政治理论课在开展在线教学时存在着一定的弊端。从具体上来讲，其主要体现在以下几个方面：第一，从教学主体层面上来讲，在线教学的主导性比较差；第二，从教学客体层面上来讲，在线教学的自学能力并不是很好；第三，从教学模式的层面上来讲，在线教学环境在无形中削弱了课堂教学的影响力；第四，从教学管理层面上来讲，在线教学的网络管理并不是很好，甚至是缺少网络教学管理。

（三）融合教学的优劣势

1. 融合教学优势

融合教学，有助于激发学生自主学习的潜能；能够对学习者的学习体验进行优化，以提升其学习效果；能够增强教师与学习者之间的互动交流。在具体实践中，可通过增强师生互动、提升教师素质、加强考核评价等策略来实现思想政治教育融合教学。

2. 融合教学劣势

融合教学存在着一些需要改进的方面。在教学主体层面，教师面临着巨大的教学挑战和压力；在教学客体的层面上，教师需要承担大量的学习任务，学生的认知水平与接受能力有限；在教学模式的层面上，教师需要进一步提升融合教学的贯通性，以达到更好的教学效果；在教学资源方面，教师需要更加深入地挖掘教育资源，以提高教学效果；在教学环境方面，教师需要进一步提升虚拟现实与现实的深度融合程度；在教学管理方面，教师需要进一步提升教学协调管理的能力，以更好地满足学生的需求。

第二节　高校思想政治教育融合教学模式的困境与问题成因

一、教师教学工作量增加

（一）融合教学任务量增多

高校思想政治教育开展线上、线下融合教学，符合当前大学生学习的需求，为此得到了大多数学生的认可，此外融合教学也符合学生差异化的学习需求，这在无形之中增加了大学生思想政治理论课程的学习兴趣。在这种情况下，思想政治教育工作者必须改变传统教学方式和方法，创新思政理论与实践相结合的教学模式，以满足当代大学生对"互联网＋"时代的新要求。融合教学模式增加了高校思想政治教师的教学任务，从具体上来讲其主要表现在以下几个方面：第一，教师在教学的过程中，不仅要加强对课堂教学的重视，同时还要在无形中引导学生开展网络自主学习；第二，教师在实际教学之中，不仅要开展线下课堂教学，同时也要组织、进行网络授课；第三，教师在实际教学之中，不仅要为线下教学备课，同时也要运用网络，搜集相关的网络教学资源；第四，教师不仅要管理学生线下课堂考勤，同时也要管理学生网络学习频次。总之，传统的思想政治教师变成了"传统加在线"，致使他们的教学任务量加大。

（二）融合教学职业压力增大

传统的授课方式未能因材施教，未能充分满足大学生多元化的需求，高校要实现立德树人的根本目标，必须改革创新人才培养模式，以学生为中心，促进其个性化发展。在移动互联网时代，大学生的个性化需求得到了融合教学的不断满足，从而实现了高精度的教育。随着大数据技术和云计算技术发展成熟，网络环境更加复杂多样，大学生对信息接受能力增强，但同时，由于认知水平不同，他们获取信息的渠道不一样。高校思想政治理论课教师的工作负担因此进一步加重。

二、教学方法灵活运用较弱

从当前我国高校思想政治融合教学情况来看，其本身依然存在很大的问题，这主要体现在融合教学方法上，教学方法之间没有做到完美的融合，一些教育工作者在开展过程中甚至出现了"两张皮"的教学现象，这也就导致其教学无法实现线上与线下的最大收益。究其原因是传统教学方式与新媒体技术在整合应用时存在问题，导致融合教学方法难以发挥其优势作用。其具体表现为：一是融合式的教学方法针对性不强，这就造成了课堂教学与社会生活相脱节，导致师生互动减少，学习效率降低；二是融合式的教学方法很少能得到全面的应用，在线上线下教学模式之间没有形成一个有效的联系体系。线上线下教学均存在优势与不足，线上教学多以自我教育为目的，教学管理欠缺，而线下教学多以传统教学和实践教育为目的，学生的能动性欠缺。因此在使用融合教学模式时必须注意二者的结合性与互补性，避免两种模式相互替代或取代。融合式的教学方式将线上教学优势与线下教学优势全面结合，统筹要素、协同发力。在此过程中，教师要不断优化自己的知识结构，促进理论与实际相结合，提高自身素质能力，增强团队协作意识和创新能力；三是融合教学的创新性亟待加强。随着信息技术发展和新媒体的兴起，高校信息化建设水平不断提高，"大数据"技术在各领域得到了广泛应用并取得显著成效。

三、教学载体智能程度不高

（一）智能交互功能有待提升

为了实现高校思想政治教育融合教学的目标，教师需要在备课、上课、作业布置与批改、课外辅导以及考核评价五个基本环节上下功夫，以确保教学质量的全面提升。其中，在线上课堂教学过程中，学生学习兴趣不高、课堂参与度不够，是制约课程教学效果提升的瓶颈问题之一。在传统课外辅导下，教师往往采用的是"1对多"的沟通交流方式，但是在融合教学模式环境下，教师与学生的沟通多采用"多对1"的方式，这样的沟通方式在无形之中增加了教师的工作量。因此，如何在互联网环境下提升思想政治课教学质量成为当前亟待解决的问题。在当前的在线教学环境下，大多数教学软件未能实现对学生思想政治常识知识以及常见问题的智能化"人机"答疑。但是从当前高校思想政治教学中，我们不难发现，教师依然是为学生答疑解惑的唯一途径，而这也在无形之中降低了大学生自主学习的积极性，进而降低了融合教学的效果。

（二）智能教学系统维护缺位

随着经济全球化进程加快，科学技术迅猛发展，人类进入了新媒体时代。科技日新月异，不断迭代更新。人们对于信息的需求也是日新月异，而移动通信技术成为现代信息技术中最具代表性的产物之一，并以其独特的优势迅速占领了市场，其已成为当前最热门的话题。在硬件方面，移动终端的多屏竞争异常激烈，呈现出一种引人注目的状态；在网络层面上，移动互联网已经实现了互联互通，为人们带来了前所未有的便利。大数据时代的到来，使得"云计算""大数据分析"成为新时期发展潮流，也为高校思想政治教育带来机遇与挑战。高校思想政治在线教学系统的升级迭代受到了智能可穿戴设备及线上自学和线下研究场景的共同影响。高校思想政治教育工作者应该抓住这一机遇，在智慧课堂建设中实现创新突破。高校应在充分分析其需求后，通过整合各种教学资源与平台构建新型智慧校园，推动"大数据"时代大学生思想政治教育观向信息化方向发展。在高校思想政治教育融合教学方面，马院专职教师占据了绝大多数，而计算机技术相关专业的专职教师则缺乏对教学系统进行研发、维护和迭代的能力；师资队伍力量与信息技术能力均有待提升，不能满足学生学习需求。在财务资金支持方面，大部分的学校将学校财政扶持重心放在了理工学科上，对思想政治教育的资金支持并不是很多，这就导致高校思想政治教育缺乏足够的资金支持，而资金的匮乏直接限制了高校思想政治教育智能化设备的购买，如在线教学系统硬件设备等，这对思想政治理论课在线教学系统的迭代升级产生了负面影响。

四、教学资源深度挖掘不足

（一）教学资源深度教研不够

在移动互联网时代，高校对高校思想政治教育资源进行的发掘、整合，以及在不断创新的过程中，缺少对资源内容的极致化处理，同时在资源更新迭代化、资源组成跨界化方面也存在一定的不足。从极致化层面上来讲，极致思维对教育资源的要求超出了大学生的需求期望，既要满足大学生刚性需求，同时还要满足大学生的进阶需要，更重要的是要满足大学生自我实现的需要。但是当前教育资源的开发并没有极致思维，为此无法迎合大学生的各种需求。

（二）教学资源精准供给不精

高校思想政治教育融合教学资源供给，主要是由教师依据思想政治教学的基本教学标准，结合本校教学科研团队的教学资源，以"大水漫灌"的线上线下等多种形式为大学生提供教学实践的过程。从资源的提供过程来看，其主要存在以下几个方面的问题：第一，忽视大学生的实际。这种做法不利于调动广大学生参与教学活动的积极性，难以激发他们的主动性和创造性，导致课堂教学效果不理想、教学效果差。同时还存在着部分学生缺乏自主学习意识和动力、对自己的学业信心不足，以及部分学生没有掌握科学有效的学习方法等问题。在整个的教学过程中，学生存在学习进度有快有慢、学习成绩有好有坏、学习能力有强有弱等现实情况，然而对大学生实行统一的学习和考核标准，就造成了学习成绩好的学生"吃不饱"、中等学生"刚刚好"、后进生"吃不下"的局面；在信息互联时代，教师在课堂教学时主要是通过"面面"的方式进行知识传播、开展理论知识讲解；在线教学，多以 QQ、雨课堂、微信为载体提供教育资源，忽略了大学生在生活与学习上喜欢使用的移动 App 软件（如：抖音网络直播等）的现状，还忽略了教育对象对课程资源需求变化的适应性，也忽略教育资源载体的全面利用，没有完全形成"三微一端"这样一个软件供给合力，对大学生学习效果的反馈视而不见。学习频率、兴趣方向等没有依靠大数据、云计算与其他信息技术进行整合分析，继而没有做到教育资源的精准供给。

第三节　高校思想政治教育融合教学模式的优化策略

一、尊重学生主体，激发自主学习动力

（一）满足学生需求

第一，在融合教学的过程，要建立以学生为中心的思想。教师建立学生中心思维，也就是要对高校思想政治教育融合教学价值链的上下游开展全过程、全方位、全要素的以"学生为主体"的教学活动，最大限度地满足"SoLoMoPe"大学生族群的需求。Social 是指全社交载体的教学，即满足大学生线上线下融合式社交学习载体，激发"每个人都是教育者""每个人都是一个分享者""每个人都是研究者"、自主学习、自主分享、自主研究的热情。Local 是全渠道教学的简称，即针对当前大学生个体差异的现实需要，有针对性地进行线上线下融合式的学习模式，做到"先学后教""教学同步""先教后补"。Mobile 是整个教学时段的总称，即网络思想政治课程实行 7×24 小时授课，满足大学生全时段、碎片化学习时间的需求。Personalized 是个性化学习的一种，即针对大学生的个性差异，学习阶段的不同、成绩层次的不同，在充分了解到每一个大学生都需要接受哪些教育之后，进行教育资源的精准供给，达到个性化教育的目的。第二，在融合教学的过程，要提高学生的参与感。一是"C2B"融合教学模式，即让大学生参与融合教学的过程，参与课程的制作与教学设计。通过融合教学（特别是网络教学）对大学生的学习需求进行收集、分析后，教师与学生可一起参与思想政治课程的制作与教学设计；二是以"意见领袖"为核心的融合教学品牌建设，也就是要使大学生参与思想政治教育的融合教学推广，强化对各班优秀大学生"意见领袖"培育力度，让他们通过线上线下宣传方式，对同辈学生进行思想政治理论课的传播；三是在融合教学的过程当中，满足学生体验第一的需求。学生体验至上，也就是在融合教学的过程中，教学质量要符合学生的需要，与此同时，还必须超越学生的学习预期，从而带给同学们"一种付出，两种收获"的惊喜。教师将收集学生的学习需求转化为教学中的一环，从学生的需要出发，开展教学设计，选择教学载体、整合资源，以适应学生的学习体验。

（二）民主平等沟通

1. 师生民主平等

在融合教学的进程中，高校的思想政治教育教师要坚持"自由，平等，正义，法制"的价值取向；要坚持师生民主和谐的关系，充分发挥学生学习的主动性，切忌"一刀切"地进行教学；要坚持平等的师生地位关系，尊重学生的人格尊严，切忌"盛气凌人"的教学；要坚持对每一个学生的公正无私，公平、正义，促进每一个学生的成长，切忌在教学中"爱优嫌劣"；要坚持教学管理的纪律性，健全并落实班级管理制度，切忌教学"人治重于法治"。

2. 师生主导－主体关系

在融合教学的进程中，高校的思想政治教育教师要遵循以教师为主导、学生积极主动的辩证统一的教学原则。一是教师要本着"人正为师、身正为范"的原则，在教育教学的过程中将组织管理、知识能力、人格魅力等方面的能力发挥至极致，引领学生走向成功，成为一名合格的人才；二是教师应注重培养学生良好思想品德素养和科学文化修养，帮助学生树立正确世界观、人生观、价值观。教师还需尊重学生的人格尊严，公正、平等地看待每个学生的学习和发展，并满足学生的个性化需求，激发大学生学习思想政治理论的内驱力。

3. 师生相互转化关系

在融合教学的进程中，高校的思想政治教育教师和学生都要坚持教育主体和教育对象角色相互转换的辩证统一关系。一是教师要站在教育主体的立场上进行融合式的教学与管理，并站在教育对象的立场上进行融合教学，以"自学"为主；二是学生要在站在教育对象的立场上开展融合式的学习与练习的同时，站在教育主体的立场上，开展融合式自学与"教学"。教师与学生角色的互相转换，可以加强教师与学生的互动，增进师生间的感情。

（三）引导自主学习

1. 引导学生制定自主学习目标

在融合教学的进程中，高校的思想政治教育教师应从课程的教学任务出发，综合学生的成绩水平、学生的专业特色等客观现实，设定科学合理的短期目标、中期目标及长期目标，还必须为各项目标拟订近期规划、中期规划及远期规划，使自主学习的目标落在实处。

2. 积极提供自主学习辅导

教师可以采用多样化的教学模式为学生答疑解惑，如线上线下一体化的教学模式、理论＋实践方式等。要加快人工智能互答系统的研究，让大学生在该系统上可以实现与人工智能关于思想政治常识、大学生热点、时事政治的互动，从而提升智能辅导的效率。

3. 制定自主学习管理制度

各院校要按照自主教学的要求，收集学生在自主学习中遇到的困难、在线学习系统的实际情况等，并建立自主学习的教学制度、自主学习管理制度以及自主学习学生的权责制度的系列条款，规范学生的自学行为。

4. 督促学生完成教学目标

高校要按照自主学习制度的要求，对于学生自主学习的目标、计划实施等情况进行监督管理，并通过截止日期、预警提示、奖励惩罚及其他形式呈现出来。对按时、按质、按量完成自主学习的学生，高校应给予精神或者物质上的奖励；对未能如期完成自主学习内容的学生，高校应实行批评惩罚，并且要求他们按时、按质、按量完成自主学习任务。

二、强化师资建设，发挥教学主导作用

（一）转变角色认知，实现教育主导与主体的统一

1. 从教师角度，开展融合教学

根据"为谁培养人、培养什么样的人、怎样培养人"标准，教师要积极开展融合式的教学工作与管理。一是在开展教育教学工作的时候，结合线上线下融合的教学方式，向学生开展理论宣传教育、活动体验教育与自主教育等；二是在进行教学管理工作的时候，明确每一个学生在线下课程与线上课程的学习目标，针对他们的实际情况，制订学习计划，并在教学过程中，随时对学生的学习情况进行评价，从而将考核反馈作为依据，不断优化整个教学活动。

2. 从学生角度，开展融合教学

教师要厘清教育对象的主体性特征，准确地把握他们的学习需要，并从每一

个大学生的现实出发，对教育的各个要素进行创新，与此同时利用大数据、云计算的智能技术，实施个性化教育。

3. 从师生角度，开展融合教学

教师要树立"一切为了学生、一切依靠学生""从学生中来、到学生中去"的学生中心原则，主动和所有同学沟通，建立亲密的师生关系，并在此基础上开展融合式的教学工作；要发展与学生的情感，站在学生的角度去思考问题，真切地把握学生的真实想法，积极回答学生提出的问题，为其排忧解难，达到亦师亦友的目的。

（二）提高信息素质，实现技术与理论的综合发展

1. 坚定政治信仰

习近平总书记指出："理想信念就是共产党人精神上的'钙'，没有理想信念，理想信念不坚定，精神上就会'缺钙'，就会得'软骨病'"。[①] 高校思想政治教师要更加坚定"两个百年""三严三实""四个意识""四个自信""四个全面""五位一体"的政治本领；坚定共产主义的崇高理想，建设有中国特色社会主义的共同理想；促进社会主义核心价值观及其他政治素质的培育与践行。

2. 提高教学素质

各高校要通过培训与轮训的形式，完成对所有思想政治教育教师相关教育知识和能力的继续教育；要坚持专兼职思想政治教师持思想政治学科高等学校教师资格证上岗；要定期开展全体思想政治教育教师教育知识与能力进修考核工作，考核合格的人才才能从事教学工作，而那些没有通过考核的教师，须继续学习，直到考试合格，再走上讲台教学。

3. 提高信息网络素质

要加大思想政治教育教师信息技术和网络化教学培训：其一，以工科为主高校，要坚持以"计算机"等网络技术学院专家带"马院"等意识形态宣传教育部门教师；其二，以文科为主高校，要坚持以"外包公司""外包高校""外包科研院所"等网络技术专家带"马院"等意识形态宣传教育部门教师；其三，要组建思想政治教育信息化科研实验室，并积极引进计算机科学、人工智能及其他学科

---

① 习近平. 习近平谈治国理政［M］. 北京：外文出版社，2016.

的人才队伍，并开展高校思想政治教育融合教学系统的科学研究与开发，争取培养出一支又红又专，既有技术、又有思想政治教学能力的高等学校思想政治队伍。

（三）加强教学考核，实现教学与科研的协同发展

1. 完善高校思想政治融合教学考核制度

高校应进一步强化对思想政治理论课专兼教师的管理和监督，提高其教学质量与水平。要继续完善高校思想政治理论课专、兼职教师的任务考核体系，明确思想政治理论课专、兼职教师的任务、课时和班级；要强化对思想政治理论课专、兼职教师的教学目标考核、课程督导和质量评估；要坚持把思想政治理论课专、兼职教师的教学质量同绩效考核、激励惩罚联系起来。

2. 完善高校思想政治理论课科研任务制度

为了实现高校思想政治理论课融合教学考核和科研任务的和谐发展，高校思想政治理论课科研任务制度需要不断完善。要坚持以思想政治教学为基本原则，继续强化教学考核制度和科研任务制度的契合度，发挥科研在理论教学中的指导作用。

3. 加强高校思想政治理论课教学与科研评估管理

要加强对教学工作量和科研任务量比例的管理，不断规范高校思想政治理论课融合教学的教学和管理活动。在融合教学的进程中，高校要以教学考核任务为前提，恰当地增加教师的科研任务；对完成教学考核任务、科研任务的教师，高校要在精神、物质、岗位等方面予以相应的奖励。

三、融合教学模式，强化融合优势互补

（一）重视课前融合教学，加强自主性学习

1. 学生自主学习

在融合教学的课前，大学生可基于传统课堂与网络课堂的学习现状，结合师生共同制定的自主学习计划，并根据自己的实际情况，点击与自己需求吻合的"最好的思想政治资源"；采用他们喜欢的"最新教学方式"；明确自身科学"最准确的考核评估"等。

2. 智能化教学交流

"人机智能交流"：大学生可以通过思想政治理论课智能化系统，实现常识性问题、课程教学任务等方面的自主学习，人机智能实现了 7×24 小时的全时段及知识的全面覆盖，能够满足大学生课前全程、全方位的自主学习需求。

"师生线上交流"：在自学过程中，当"人机智会沟通"系统无法解决他们的困惑时，大学生应在网上直接咨询老师，做到"一对一"的个性化的思想政治理论课的教育。

3. 教师制定融合教学教案

在融合教学的课前，老师要以大学生网络学习报告、"人机智能交流"数据、"师生线上交流"的困惑以及其他自学信息为基础，与融合教学的标准、课程内容及其他要求相结合，制订线上课程、线下课程的教学计划及教学设计。

（二）强化课中融合教学，加强研究性教学

1. 精确融合教学目标

在融合教学的进程中，教师要进行精确线上、线下教学；准确掌握每一个学生的差异化目标；精准每一节课不同层次学生个性化的目标；准确各章差异化目标；精准每一方法差异化目标；准确每一个评价差异化目标，从而实现对线上自主学习、线上线下探究式的学习模式的应用。

2. 转换融合教学角色

在融合教学的进程中，教师要采用线上与线下相结合的方法，对高校思想政治理论课进行融合式的教学与管理，确保教学任务的完成。教师要以线上和线下的形式与学生紧密联系，理解新时代新青年的学习需要，并以此为基础，对融合式的教学设计进行了持续的优化和创新。

3. 优化融合教学资源

在融合教学的进程中，教师要透过深入分析大学生线上、线下的个人学习档案和线上线下学习的痕迹，以及学习记录的数据，准确把握大学生个性化的学习需求，并以此为依据对思想政治理论课教学资源进行智能整合与创新，并且要通过"三位一端"向大学生进行准确推送。

4. 丰富融合教学方法

在融合教学的进程中，教师要依据教学目标、学生兴趣爱好，同时结合线上

线下教学的方法，对这些方法进行组合，要尽量将线上和线下教学方法与线上和线下教育各要素融会贯通；与此同时，还需不断创新思想政治理论课的教学方式，以适应符合大学生的网络生活习惯；通过多种方法的有机结合，实现理论学习与实践锻炼相结合，并将其应用于高校思想政治教育融合教学的进程。

5. 加强融合教学管理监督

在融合教学的进程中，教师要充分发挥自身的引导作用，不管是在课前的自主学习，还是在课中的研究学习，抑或是课后巩固提升，教师都要加强对学生的监督与引导。要在监督引导的基础上，让学生完成学习任务，并通过考核评估，让学生实现自我提升。

（三）提升课后融合教学，加强探究性教学

1. 融合教学情况诊断

经过融合教学之后，教师要以思想政治理论课的诊断性、形成性评价为依据，对思想政治教育进行总结性评价，并对目标任务、内容优化和方法创新等各个教学要素作比较性评价，从而清晰地掌握大学生的知识能力水平。

2. 融合教学目标调整

经过融合教学之后，教师要以教学评估反馈信息为依据，主动引导大学生不断更新自主学习目标，制订自学计划，提高自我评价标准。针对后进生：不断查漏补缺；针对中等生：继续打牢基础；针对先进生：努力自我实现。经过融合教学之后，依据教学评估的反馈信息，老师们要积极召开融合教学总结会，对先进生进行表彰、对中等生进行激励、对后进生进行帮扶，做到传帮带。

四、创新教学载体，助力大数据精准教育

（一）数据搜集，记录学生行为大数据

在融合教学的进程中，网络教学平台实现了对学生线上学习考勤的智能化统计，同时也在其他方面实现了智能化，如课件的浏览时间、习题得分记录、课堂互动频次和其他过程性数据等。总而言之，网络教学平台能够实现对学生过程性数据及总结性考核数据的收集、整理及存储。

（二）需求预测，分析学生融合学习偏好

依据对融合教学的诊断与评估，对每一个学生的学业状况进行自动生成。准确地把握每个学生的学习习惯、学习方式和学习需求、学习成绩等，并以此为基础对每个学生的差异进行了科学分析，对每个学生的个性化学习需求进行准确预测。

要针对学生差异化的状况、个性化的需求和网络教学平台对每个大学生的智能化识别，对每个大学生教学目标、教学手段进行不断地调整。以成绩先进者为目标，实现进阶性教育资源的精准推送，这样才能发展研究性思维和能力；以成绩落后的学生为对象，适时推送学业预警，从而监督和管理学习效果，确保学业任务的正常进行。

五、挖掘教学资源，精准供给教学内容

网络教学平台在描绘学生智能画像之后，便可清楚地掌握学生的学习动机、学习动态、学业成绩及其他有关学习的信息，再结合学生的学情，锁定学生的差异化需求。

在人工智能时代，教育科技使教育媒介不断更新迭代，教育媒介不断更新着学生的学习方式及学习习惯。新时期大学生对移动 App 这一思想政治教育载体存在很大偏好，网络教学平台需要结合当前科技发展情况，将网络直播、短视频等新兴载体融入思想政治教学之中，以此适应新时期大学生的移动网络特性。

在融合教学的进程中，从高校思想政治理论课的教学目标、学生的学业状况、个性化需求等因素来看，教师要精心选择思想政治理论课这一教育内容，并借助新兴载体，准确地将思想政治理论课教学内容供给不同学习层次、不同需求的学生。

第六章 高校思想政治教育融合教学模式 具体路径

本章主要介绍了四个方面的内容，分别为线上学习融合线下教学、翻转课堂融合传统课堂、理论教学融合实践教学、大班教学融合小组学习。

第一节 线上学习融合线下教学

高校的思政课与其他专业课有所不同，它的主要任务就是对大学生进行马克思主义世界观、人生观、价值观的教育与培养，让他们用马克思主义理论与方法来分析和解决问题。思政课的最大特点，就是强调对学生进行思想政治方面的理论教育，不拘泥于简单的知识传授。只有线上学习和线下教学这两个基本环节互为补充、互相融合，才能发挥好教学效果。在育人方面，学生看教学视频、教学课件这种线上学习，并不能代替师生面对面课堂教学。所以思政课在落实教学过程当中，要正确处理线上与线下的关系，要将线上学习和线下教学结合起来。

一、线上线下要融为一体

思政课教师应善于将"互联网＋"和信息技术等理论融入思想政治教育之中，可使用课程在线平台，使思政课堂实现线上与线下相结合，实现课内课外教学的一体化，使思想政治教育全面步入网络化、数据化、移动化的轨道，扩大师生、生生互动广度，引领学生确立社会主义核心价值观，真正承担起学生健康成长的指导者、引路人职责。

具体而言，线上学习是由课前自主学习、课下知识的巩固共同构成的；线下教学由课堂讲授、互动、沟通、讨论、答疑等方面组成。思政课教师在课前自主学习阶段，可以把含有课程基础知识教学短视频、教学课件等学习资料上传至网络端，学生在课前可以独立完成预习环节。就课堂教学而言，教师可以缩短知识点的讲授时间，利用较多时间答疑解惑，让学生展开辩论、答辩。在课堂提问和回答问题时，教师还需及时了解并回应学生提出的疑问，帮助其解决疑难问题。通过上述途径，课堂从老师"一言堂"式的讲台可变成老师与学生互动沟通的舞台。在课下知识巩固阶段，教师可以公布线上作业，使学生完成课程练习、巩固知识点，同时指导学生进行线上的探讨，让那些因时间关系或者个人原因而没有在教室里充分表达自己观点的学生，都能获得畅所欲言的机会，还能让学生相互交流心得，用理论去反思，从而使教师可以非常方便地获得学生对学习的反馈，为下次或下轮教学作充分的准备。

二、线上线下应各有侧重

思政课运用融合教学模式，并不是说要用线上学习代替线下教学。相反，由于思政课在大学生思想政治教育主渠道中占据着重要位置，以及课程自身理论性、抽象性等特点，学生自主学习困难，学生的知识水平、理解水平有限。所以，在思政课教学实践过程中，线下课堂教学一直是教学的关键一环，用线上学习协助线下教学，这种混合式教学策略十分恰当、高效，同时也是可行的。高校思政课的四门课要有区别，要实施个性化策略。比如"马克思主义基本原理概论"课，它的理论性是最强的，课程难度系数也最高，教师要适当地增加课堂上的理论讲授，并督促同学们课前预习和课后复习；"思想道德修养和法律基础"课对于学生来说，自学并不难，但是，学生要联系自己的实际情况，对社会现象勤于思考、多加练习，教师要精心谋划，安排具有一定挑战度课外学习题目，鼓励学生进行自我探索，并课中增加互动、讨论时间。

与此同时，也要看到"亲其师，信其教"[①]。课堂是一个动态生成的过程，需要通过不断的调整和改进才能使之符合新课程标准对课程实施提出的要求。课堂教学可以给学生一个和教师亲密接触的机会，让学生能够切实体会教师的人格魅力，他们与教师有情感交流机会。此外，思政课的特点决定其只能通过课堂来传播和接受。课堂可以给学生一个集体学习的地方，如爱国主义精神、敬业精神等，

---

① 王红娟.礼记［M］.长春：吉林大学出版社有限责任公司，2021.

在师生互动氛围中，这些更易使学生产生情感共鸣。所以思政课课堂教学应特别关注线下教学，并坚持课堂教学。

三、注重课程体系，谨防碎片化

思政课课程，尤其是"马克思主义基本原理概论""毛泽东思想和中国特色社会主义理论体系概论"等课程，有一套完整的科学理论逻辑体系。所以在课堂的构建上，教师要正确掌握教学的重点和重心，避免教学碎片化。

思政课以马克思主义理论知识吸收与内化为教学重点，不应只让学生通过看视频来理解知识点。在思政课教师开展课堂教学中，做微视频仅仅是教学改革的根本与前提，不能成为首要工作。实际上，在线上发布教学课件、教学案例、教学思考题、教学任务也可以起到督促学生进行课前预习的作用。

思政课教师的主要任务在于在课堂上采取各种教学手段，让学生对马克思主义理论有全面、系统的掌握，并将相关知识点理解吸收、融会贯通，进而能够运用理论分析、解决社会现实生活和人生中遇到的问题。为了解决知识碎片化问题，思政课教师在整个课程设计中可以充分利用网络技术手段，加强学生在课前和课下的学习，课堂上重在引导学生对思政课教学内容的政治认同、理论认同和情感认同，同时要加强学生课外主题实践活动，以巩固课堂教学成果。

第二节　翻转课堂融合传统课堂

2011年起，翻转课堂迅速在我国兴起。翻转课堂自传入我国以来，最早被运用于基础教育阶段，进而受到了高校研究人员极大的重视。由于高等教育具备更专业的研究人员、更加完善教学技术，同时大学生自主性较强，翻转课堂真正在国内高校普及并开展起来。

翻转课堂源于美国的教学需要，它有着自己特殊的生长背景与发展文化，还有作为教学模式所具有的共同特点，尽管在我国已经被大规模地展开研究，但各高校不可以进行直接模仿和机械模仿。将翻转课堂引入我国的学校教育之中，不可避免地要受我国现行教育文化、教育体制等因素的束缚与挑战，想要翻转课堂本土化发展，就需要在深刻认识其构建之本、发展之脉，并在此基础上创新运用。

对于思政课的翻转课堂而言，还存在学科适应性的问题。思政类课程侧重于理论、思想等方面的全面认识与理解。所以，老师在进行翻转教学时，不应该以录制教学视频为中心，而应该加强对学生价值判断能力、价值选择能力、价值塑造能力的培养；要更好地在设计组织，特别是在课堂互动交流讨论等环节上下功夫。与此同时，教师应注意处理翻转课堂和传统教学之间的关系，做到扬长避短、优势互补。

一、辩证看待传统课堂与翻转课堂

翻转课堂在思政课中的运用，符合网络信息时代下大学生碎片化学习的特征；重视在线资源选择和适时更新，可以让其贴近实际、贴近生活、贴近学生，能够使思政课教学更具亲和力，使思政课堂变得"亲"。翻转课堂实施"学生是主体"教学理念，突破了传统教学模式中学生被动学习的局面，充分调动了学生思政课学习积极性与参与度，形成了师生互动的局面，并在生生互动中构建起高互动课堂，让思政课堂变得"动"起来。翻转课堂可以通过"App 教学法"来实现"实践展示法"，可以通过教学 App 进行签到、抢答、投票、讨论等活动，采用任务驱动式、研讨式、竞争式，让课堂气氛变得生动活泼，让学生在课堂上扮演主角，进而使思政课堂"活"起来。翻转课堂让课程挑战度提升，思政课程含金量增加，学生的获得感比较强，可以培养学生解决问题的能力、团队合作的能力、自主创新的综合能力等，让思政课堂的"含金量"变高。

翻转课堂存在的弊端是需要师生花费较传统教学更多的时间和精力。站在教师的角度，编写教学资料、对学生的学习情况进行分析、学生主观报告批阅情况、信息技术的升级、在线资源不断更新等，在实际教学的过程中所花费的时间要远远超过传统教学中花费的时间，也正是由于这些，如果教师没有源源不断的教学改革热情，没有合理的激励政策，翻转课堂恐难持之以恒。站在学生的角度，由于长期处在被动学习的环境下，有的学生学习惰性强，不适应自主学习；有的同学也认为上思政课时付出过多意义不大。当学生接受程度较低时，教师还要多做一些学生思想工作，提高学生思政课关注程度，同时，也可借助于多元过程性的考核评价体系，激发学生表达欲，提高学生参与程度等，让他们逐渐适应翻转课堂的发展。

二、翻转课堂与传统课堂的有机统一

翻转课堂教学模式在思政课中的运用，就是对传统课堂教学模式进行的扬弃，两者之间存在着辩证的否定关系，而不是全盘否定。不管是哪一种教学模式，教学目的与内容都是一致的。因此，在具体运用过程中，教师应该坚持以教学目标作为出发点和归宿，并以此来指导实践活动，最终实现思想政治教育的价值追求。高校思政课以培养大学生马克思主义世界观、人生观与价值观为宗旨，力求使学生获得辩证唯物主义与历史唯物主义思维方法，坚定中国特色社会主义道路自信和理论自信、制度自信与文化自信。这种教育目标与当前形势发展要求相适应，也符合高等教育人才培养的规律。翻转课堂教学模式在高校思政课教学中的运用，说到底就是为了实现这一教学目的。所以，不管应用哪一种教学模式，教学内容均应注重重点突出、立足教材，使教材体系变为教学体系。同时在具体运用中还要遵循一定原则，这是辩证地处理两者关系之根本。

客观地说，思政课教学不应该完全翻转过来。如课程内容都是学生课后自主学习的，上课全部采用研讨、互动的语言，必然会极大地增加教师和学生课外负担，对于那些没有文科知识结构基础的学生来讲，思想政治理论知识的自学将会变得更难，哪怕是花的时间再长，其学习效果也未必理想。与此同时，思政课教学内容碎片化问题将愈演愈烈，易导致课程不成体系。

因此，要选择性翻转课程内容，将那些基础的、贴近现实的内容作为自学内容。教师可结合实际活动，选择 10 个左右的主题，让每个小组都单独深入学习。课堂实践活动演示部分，即翻转教学部分。另外，为了确保整个过程顺利进行，教师还要注意组织好小组间的互动和讨论。从小组的角度来讲，在课堂上除了要关注本组所选主题的讨论之外，也要积极参与其他小组的课题思考与讨论，这主要是由于在小组答辩环节，要对汇报组进行提问，而这个环节也在无形中促进了学生对于课程中各项关键内容的翻转学习。

当然，将这种翻转与传统授课相融合的思政教学应用于不同的思政课程中还应体现出差异，比如"马克思主义基本原理概论"理论体系性强、内容抽象复杂，在课程的设计上应更侧重课堂理论教学，辅之以翻转，以翻转促进理论讲授。比如在课前布置自学预习任务、课堂加强教学 App 互动活动、课后鼓励学生多在线上论坛交流等。再如"中国近现代史纲要"侧重于史实论述，"毛泽东思想与中国特色社会主义理论体系概论"与中国建设、发展的现实联系紧密,"思想道德修养与法律基础"与学生自身的成长成才息息相关,可以适当加强这三门课的翻转教学的力度,充分使用角色扮演、情景体验、社会实践、问题探究等多元教学方法,让学生多在体验、感悟、互动中学习。

简言之,思政课翻转教学正在本土化,要紧紧抓住学科及课程特点,坚持继承与创新相统一的原则,坚持以教师为主导、以学生为主体的方针,借鉴传统课堂优点,使之与传统教学进行整合,并要着力将思政课打造为让学生由衷地喜欢、受益一生的好课。

第三节　理论教学融合实践教学

在思政课教学中,实践教学不可或缺,让深奥抽象的思想政治理论被学生理解、接受和认可,并将所学的思想政治理论知识内化于学生个体世界观、人生观之中,既要求教师系统掌握马克思主义科学理论体系,还要求高校思想政治课有理论的指导,让学生在实践的思考中、体验中,不断升华。因此,加强高校思政课实践教学具有十分重要的意义。经过实践教学,大学生能够切身实践马克思主义价值观与方法论,加强对中国特色社会主义道路的感性认识与理性认识。

所以,进行课堂教学时,教师必须正确处理理论教学和实践教学之间的关系。同时,也应重视线上和线下相结合的教学方式。

一、思政课的实践教学

就目前来说,思政课的实践教学主要有两种形式:一是课内实践的形式,也就是实践教学是与理论教学相对的教学环节。就课堂教学而言,凡能强调教育对象参与、教育对象互动性强、教育内容直观性的教学模式均可被视为实践教学。例如,老师组织学生进行讨论、辩论及演讲、听报告、观看电影和其他活动,指导学生应用所学理论去分析问题和解决问题。二是课外实践的形式,既有校内社会实践,也有校外社会实践。校内社会实践包括问卷调查、拍摄微电影、编排情景剧、勤工俭学、办报纸杂志、参加各类校园文化活动等,校外社会实践包括参观访问、社会调查、社会观察、志愿服务、支农支教、挂职锻炼等。可以说,课内实践教学环节在课外实践教学环节中占据着根本地位，课外实践教学环节是对课内实践教学的补充与深化。二者相辅相成、相得益彰。

在多人群体教学模式中，课内和课外实践均存在教师一对百、一对几百的尴尬，校外实践更面临着组织困难、资金困难、持续困难等问题，很难能做到以老师为主导走出校门集体性社会实践，学生群体通常也仅仅是教学班的一个组成部分。这些现象表明当前我国高校思政课实践教学改革面临着巨大挑战，亟待从理论和方法上进行突破。所以在高校思政课实践教学中融入小组学习法，注重课内实践、校内实践是一种从实践中总结出来的行之有效的方法，有助于摆脱当前思政课实践教学中存在的实际困境。

二、思政课堂的实践教学策略

（一）分组实践

在传统教学模式中的小组实践活动的组织开展中，教师倾向于允许小组独立选择实践主题，只要和课程内容有关即可，学生只有在取得老师的同意后，才能去执行。而实践活动结束之后，小组的实践成果并不一定要报告给全班同学，如果教师要求对此次的实践活动进行汇报，教师可择优录取部分组别进行报告，且往往集中于某一时间段，例如，在课程接近尾声的时候。

但是在创新改革之后的教学模式中，教师可以把实践专题融入课堂教学之中。学生实践的内容并不完全由小组自己决定，而由老师根据章节内容及课程进度决定，通常确定 10 个左右的学生为一个学习小组，并为其指定相对应的课堂主题。实践成果的呈现并不集中在某一时段内统一报告，而是根据课程进度，随堂呈现，在小组课堂演示后还应接受其他小组的提问，并进行答辩和讨论，以及配合其他小组组员通过 App 进行即时评分。这几个环节反映了课堂的主体是学生、学生的自主学习等特征。

学习实践小组在选择了实践专题之后，课下要进行头脑风暴、联合策划、分工合作、落实活动、总结结果、成果展示、质疑答辩。教师要引导小组成员围绕课题展开深入思考和交流，并将讨论内容以书面形式反馈给同学们，以此促进小组间相互探讨与反思。与此同时，教师要对小组专题实践进行很好的引导，认真加以关怀、督促各组活动的推进，适时发表意见和建议，特别是在小组实践成果的展示之前，要审查组内汇报材料。教学实践证明，小组实践可以全面锻炼学生合作能力和创新能力、组织能力和理论与实践相结合的应用能力。

（二）实践专题设计

教师在课堂上设计实践专题，可以着重关注如下几个方面的内容。

第一，要充分考虑学生现有知识水平与能力。所选题目要与最近发展区的学习理论相一致，既不能太难，又不能太简单，要让其更具有亲和力，免得学生有畏难情绪。以"马克思主义基本原理概论"课为例，这门学科很抽象，各类概念都比较难掌握，学生自主学习热情易受挫折。教师可结合学生实际，精选学生容易驾驭的话题。

第二，选题可以结合时政热点。引导同学们关心时事，关心国家，关心社会。比如，2018年是马克思诞辰200周年、《共产党宣言》发表170周年，可设计"大家眼中的马克思主义"专题，让学生围绕课堂所学的马克思主义的内容，结合当下社会上存在的各种对马克思和马克思主义的认识及其相关讨论开展实践活动；2019年是"五四运动"100周年、中华人民共和国成立70周年，可设计"新时代中国青年的使命担当"专题，让学生以纪念"五四运动"100周年为背景，学习马克思主义创始人的生平事迹，以"对话马恩"为形式，论述当代中国青年所肩负的使命，反映当代大学生对新时代中国特色社会主义事业矢志不渝的理想信念和献身精神。

第三，选题可与地方红色文化相结合。从常州走出的三位红色领袖——瞿秋白、张太雷、恽代英为中国革命事业作出了重大贡献和牺牲，他们被称为"常州三杰"。2018年是张太雷同志诞辰120周年，2019年是瞿秋白同志诞辰120周年，在思政课的实践中可设计"'常州三杰'与马克思主义"专题，让学生去参观市内的瞿秋白纪念馆、张太雷纪念馆与恽代英纪念馆，认识其对马克思主义传播和发展所作出的贡献，并学习其对马克思主义理想信念的奉献精神。

第四，选题可与学生的关注点相结合。邓小平曾鲜明指出："学马列要精，要管用。"[①] 同时，思想政治课的教学内容也是"必须精雕细琢，才能奏效"。所

---

① 杨德山.党员干部不可不知的党史常识［M］.北京：国家行政学院出版社，2013.

谓"精"，即围绕教学目标和教学要求，以解决学生思想实际问题为出发点，在教学内容上进行权衡，选择最主要、最本质的东西；"要管用"，即实现教书育人。可以说，这类问题是和思政课内容密切相关的，均可被作为学生选择实践专题的目标，还有利于课堂中的教师和学生、学生和学生、各组之间进行充分的交流互动。

第四节　大班教学融合小组学习

一、小组学习法

所谓的小组合作学习，指一个团体或一个团队内，为执行、完成共同任务而进行自主探索的实践活动，在这个过程中小组成员之间有着明确责任分工，它属于一种互助性的学习，它强调通过教师指导下的小组活动来促进学习者之间进行信息传递和知识建构，从而达到教学目标的一种新型教学模式。小组学习法主张把学习主动权交还学生，力求使学生的自主探究、合作学习、自主获得新知，努力使学生体会到尝试探索、寻找的乐趣。实践证明，小组学习能有效地促进师生互动、生生互动，有利于培养学生良好的个性品质。相关研究显示，学一样东西，不论哪种题材，学生通过小组学习可以学到比通过其他教育方式更多的知识，这些知识在脑海中的记忆也就更加长久。因此，小组学习可以促进学生之间的知识共享，有利于培养他们的团队精神。

二、大班教学融合小组学习法的优势

（一）有利于提高参与度

通常情况下，高校思政课教学课堂上的学生有近百个，教师很难顾及每一个学生。在大班教学过程中，小组学习法回避了为数不少的学生由于没有完全投入到学习活动中去，而只好陷入"旁听"的被动局面之中的问题，为不同层次的学生普遍参加提供了机会、创造了条件。

（二）有利于发挥主动性

有的同学在大班教学中怯于展示自我，但是在小组学习时就不会产生这样的心理负担，他们在小组活动中不紧张、不茫然。小组学习给学生营造出了一种轻松愉快的学习情景，学生会更积极主动、更快乐地投入到学习过程中去，主动探究学习内容，自觉思考问题，得到认知与生理、心理的和谐发展。

（三）有利于激发学习力

思政课的内容非常丰富、理论性较强，也正是由于这些特点，它常常会让学生产生畏惧，提不起学习的兴趣，这种情况在非文科类学生中尤其突出。小组学习法能够集思广益，激发学生兴趣，引起学生个体发展需求，从而唤起学生的求知欲望。教师应该根据不同类型课程采取不同的教学策略，可通过分组教学来实现"教"和"学"之间关系的转换。小组学习法评价机制还能在小组之间造成对比和刺激，可以有效地激发学生竞争意识与创造精神，从而提升学生学以致用、使用以至深的技能。

（四）有利于培养健康人格

虽然现代社会要求人与人之间展开激烈竞争，但更多地需要人与人之间的广泛协作，合作学习是协作精神发展的一种有效方式。学生之间进行合作、沟通，在一起实现学习目标，在这个过程中集体主义精神与合作技能得到全面的发展，有利于形成团结协作、互帮互助的局面；优良作风战胜了自己狭隘人格的缺陷，提高了大学生的社会适应性，促进了人的全面发展。

三、小组学习法教学策略

众所周知，课堂教学对思政课教师的要求比较高，不仅要求教师有高度的责任心、深厚的学术功底，还要有临场应变的能力以及较强的课堂组织能力。此外，教师还要花费大量的时间和精力用于准备课程、了解学情以及进行过程考核。就教学实践而言，令人欣慰的是，小组学习法既是行之有效的教学法，也是思政课教师教学顺利进行的一种辅助性手段。小组学习法是以学生为主体、教师为辅，围绕着"问题"展开教学活动的教学方法。以小组干预课堂管理的方式、组织课后练习、参加课程考核，能缓解教师教学压力，能够使得教学管理更加精细，学习评价更加公正，让课堂教学变得更加优质。

（一）小组介入课堂管理

课堂教学一开始，本着学生自愿的原则，教师要把学生划分为不同的学习小组，小组人数应合理。人数过多，不利于学生之间的沟通，也不利于个人才能的充分发挥；数量过少，不利于学生之间交流互助。在课堂学习中，同一个小组的成员坐在一起，这样有利于探讨、沟通，也方便了组长的管理，也方便老师对全组学习状况进行观察。要实行组长负责制，组长就小组成员考勤、听课表现等要进行统计。小组管理模式，能够减少教师听课时对课堂管理的工作量，使教师在教学中能够投入较多的精力。

（二）小组组织课外学习

学习小组还是课外学习团队的一种，组长可以课后组织大家一起探讨学习难点、分享课外读书的心得体会以及深入开展主题实践活动、期末集体复习及其他活动。学习小组应根据年级特点及学情设置不同内容和形式的小组活动。其中主题实践活动的实施是学习小组课后的首要任务。要充分发挥好小组专题学习成果汇报的作用。教师应该注重从课堂内外两方面入手，加强引导和督促，让每个小组都能够积极参与到课题研究中去，从而实现"人人参与"。同时教师要对小组专题实践进行指导，通过班级微信群、QQ 群、电子邮件和其他形式审查该组汇报材料，并提出修改建议，和学生一起讨论、一起剖析，这可以有效提升小组专题学习成果展示质量。

（三）小组参与课程考核

教师的课堂教学渗透着以生为本的理念，同时也要积极渗透自主学习、自我管理、互学互促的思想，无论是在课堂教学之中，还是在课外实践中，学习小组都要积极参与到课程考核之中，成为老师教学中的得力助手。

在实践成果的呈现环节中，每个小组成员要对其他小组练习进行展示打分，由此各组将获得实践分数。这种组间互评机制，可以激发各小组之间相互促进，可以让实践活动水平质量持续提升。在各组编写的实践小结表，组长也要对每一个小组成员的工作量、参与度进行记录，并对其进行客观评价，这些对于教师考评学生具有重要的借鉴意义。

在课后的线上论坛里，教师会认真阅读每位同学的发言，并给每条有质量的帖子标注"精华"或"置顶"，以资鼓励，而"精华""置顶"的数量也就成为学生平时成绩的重要依据。线上平台是不记录这方面数据的，教师可通过小组长、课代表进行统计，这大大减轻了工作量。

参考文献

[1] 陈艳芳，宁岩鹏.高校思想政治教育生态论研究［M］.燕山大学出版社，2019.

[2] 曲洪波.高校思想政治理论课课堂教学与网络在线教学融合研究［M］.沈阳：东北大学出版社，2016.

[3] 张贻发.铸魂育人 新时代高校思想政治工作的理论探索［M］.广州：中山大学出版社，2021.

[4] 高红艳.思想政治教育教学实践论［M］.成都：西南交通大学出版社，2016.

[5] 陈娟，林颖，陈应娣.大学生思想政治教育新论［M］.北京：海洋出版社，2016.

[6] 周术槐.多维视角下的思想政治教育探索［M］.成都：西南交通大学出版社，2015.

[7] 史庆伟.大学生思想政治教育管理与实践研究［M］.天津：天津教育出版社，2015.

[8] 马军红.大学生思想教育对策与模式发展研究［M］.长春：吉林出版集团股份有限公司，2019.

[9] 王长民.铸就信仰 高校思政课教学创新［M］.南京：南京师范大学出版社，2017.

[10] 房静.网络时代下的高校思想政治教育思考与建构［M］.西安：西北工业大学出版社，2018.05.

[11] 陈清.高校思想政治教育质量提升的审美之维［J］.黑龙江高教研究，2023，41（01）：116-120.

[12] 许琳，肖宜辉．融媒体视域下高校思想政治教育话语权提升研究［J］.办公室业务，2022（22）：44-46.

[13] 杨洋，赵婧媛．大数据与高校思想政治教育融合发展：生成逻辑、融合过程和发展框架 [J].西部素质教育，2022，8（22）：18-21+107.

[14] 李辉，林丹萍．新时代高校思想政治教育的系统思维［J］.马克思主义理论学科研究，2022，8（11）：103-111.

[15] 汪庆喜．新时代高校思想政治教育治理创新研究［J］.食品研究与开发，2022，43（21）：242.

[16] 范春婷．高校思想政治教育的政策流变与发展理路［J］.内蒙古师范大学学报（哲学社会科学版），2022，51（05）：18-25.

[17] 匡存玖．新时代高校思想政治教育守正创新的内在逻辑和实践要求［J］.汉江师范学院学报，2022，42（05）：86-92.

[18] 范钰晗．大数据时代下高校思想政治教育的创新与展望［J］.吉林教育，2022（29）：24-26.

[19] 章超．新媒体融入高校思想政治教育的思维创新探析［J］.闽江学院学报，2022，43（04）：100-108.

[20] 张睿．论高校思想政治教育的社交媒体传播机制［J］.河南教育（高等教育），2022（07）：31-32.

[21] 姜福镇．高校网络思想政治教育话语权的建构策略研究［D］.南京：南京邮电大学，2022.

[22] 张丽．融媒体视域下高校思想政治教育实效性研究［D］.遵义：遵义医科大学，2022.

[23] 崔佳佳．新时代高校思想政治教育质量提升研究［D］.延边：延边大学，2022.

[24] 赵李叶．新时代高校思想政治教育生态系统建设研究［D］.济南：山东大学，2022.

[25] 许思宇．新时代高校思想政治教育话语亲和力提升研究［D］.扬州：扬州大学，2022.

[26] 徐鹏.文化自觉视域下高校思想政治教育问题研究［D］.太原：中北大学，
     2022.

[27] 刘洋.高校思想政治教育获得感研究［D］.聊城：聊城大学，2022.

[28] 李慧.高校思想政治教育亲和力提升研究［D］.长春：长春工业大学，2022.

[29] 王琴.高校思想政治教育共同体构建研究［D］.贵阳：贵州师范大学，2022.

[30] 丁楠.新时代高校思想政治教育质量提升路径研究［D］.兰州：西北师范大
     学，2022.